Mathe 5./6. Klasse

Werner Janka

Geometrie

Mit heraustrennbarem Lösungsteil

Mentor Übungsbuch 906

Mentor Verlag München

Der Autor: Werner Janka, Lehrtätigkeit in Mathematik und Physik am Gymnasium, langjährige Erfahrung als Nachhilfelehrer, Autor von Lehrbüchern und Lernsoftware

Redaktion: Imprint Verlagsprojekte, Zusmarshausen

Abbildungen: Rudolf Hungreder, Leinfelden-Echterdingen (geometrische Zeichnungen)

Henning Schöttke, Kiel (Cartoons)

Umwelthinweis: Gedruckt auf chlorfrei gebleichtem Papier

Layout: Peter Glaubitz, auf der Basis des Layouts von Barbara Slowik, München
Umschlag: Iris Steiner, München
Satz: Külen & Grosche, DTP Produktionsservice, Augsburg
Druck: Landesverlag Druckservice, Linz

Printed in Austria • ISBN 3-580-63906-4

1. 2. 3. 4. 5. 06 05 04 03 02

Inhaltsverzeichnis

Unser Tipp für alle, die noch mehr wissen wollen:

Mentor Lernhilfen

Die sind Spezialisten im Erklären und machen fit fürs ganze Schuljahr!

Für Mathe in der 5./6. Klasse gibt's die Bände:

Grund- und Aufbauwissen 1 (5./6. Klasse)
Mengen, Einheiten, Addition und Subtraktion
ISBN 3-580-63615-4

Grund- und Aufbauwissen 2 (5./6. Klasse)
Multiplikation, Division, Terme, Gleichungen, Ungleichungen
ISBN 3-580-63616-2

Grund- und Aufbauwissen 3 (5./6. Klasse)
Teiler, Vielfache, Rechnen mit Brüchen
ISBN 3-580-63617-0

Grund- und Aufbauwissen 4 (5./6. Klasse)
Dezimalbrüche, Prozentrechnung, Proportionen, Geometrie
ISBN 3-580-63618-9

Vorwort

V

Hallo, liebe Schülerin, lieber Schüler,

du sollst eine Mathearbeit über Bruchterme und Bruchgleichungen schreiben und möchtest noch ein bisschen trainieren, aber möglichst schnell und ohne viel Theorie?

Dann bist du hier richtig! Denn jetzt geht's besonders easy:

Treffsicher — Dieses Buch ist in **23 kleine Lernportionen** gegliedert.
→ So findest du dich besonders schnell zurecht.

Übersichtlich — Jede Lernportion umfasst genau eine **Doppelseite**.
→ So hast du immer alles auf einen Blick.

Einleuchtend — Jede Doppelseite beginnt mit einer kurzen, klaren **Regel**.
→ So weißt du immer sofort, worauf es ankommt.

Clever — Dann geht's ans **Üben** – ganz locker, Schritt für Schritt.
→ So bereitest du dich optimal vor.

Praktisch — Der **Lösungsteil** zum Heraustrennen passt seitengetreu dazu.
→ So kontrollierst du blitzschnell – ohne Suchen und Blättern.

Am besten gleich loslegen!

Viel Spaß und ganz viel Erfolg

wünscht dir

dein Mentor Verlag

Noch ein Tipp — Du hast noch mehr Nachholbedarf, aber keine Lust auf Nachhilfe? Dann versuch's doch mit den **Mentor Lernhilfen**: Schau mal auf die Seite gegenüber!

1 Grundbegriffe und Vereinbarungen, Strecke, Punkt

In deinen ersten Geometriestunden hast du dir sicher schon eine gute Vorstellung von den Dingen machen können, mit denen sich dieses Gebiet der Mathematik beschäftigt. Es sind dies die Grundelemente der Geometrie: Punkt, Strecke und Gerade. Außerdem wirst du dich auch bereits an den Umgang mit dem Geodreieck gewöhnt haben.

Wiederholen wir kurz das Wichtigste:

Punkte bezeichnen wir mit Großbuchstaben, z. B. A; B; C;...; P; Q;...

Strecken bezeichnen wir entweder mit kleinen Buchstaben, z. B. a; b; c; ..., oder auch durch die Angabe ihrer Endpunkte, eingefasst in eine eckige Klammer, z. B. $[AB]$; $[BC]$; ...; $[PQ]$; ...

Meinen wir aber die Länge einer Strecke, also ein Maß, so schreiben wir einen Querstrich über die beiden Endpunkte der Strecke, z. B. $\overline{AB} = 4$ cm, und sagen: Die Länge der Strecke AB beträgt 4 cm.

Liegt ein Punkt P auf einer Strecke, z. B. auf $[AB]$, so schreiben wir: $P \in [AB]$ und wir sagen: P ist Element der Strecke AB. Gilt dies z. B. für den Punkt Q nicht, dann schreiben wir: $Q \notin [AB]$ und sagen: Q ist nicht Element der Strecke AB.

Übung 1

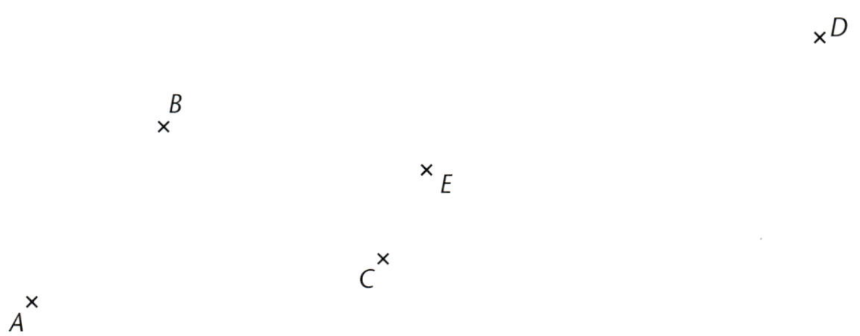

a) Verbinde jeden der gegebenen Punkte über eine Strecke mit jedem der anderen Punkte.

b) Wie viele verschiedene Strecken erhältst du?

c) Gib die Streckenlängen der folgenden Strecken in Millimetern an.

(i) $\overline{AB}$ (ii) $\overline{AC}$ (iii) $\overline{AD}$ (iv) $\overline{AE}$ (v) $\overline{BC}$
(vi) $\overline{BD}$ (vii) $\overline{BE}$ (viii) $\overline{CD}$ (ix) $\overline{CE}$ (x) $\overline{DE}$

d) Ordne die Strecken ihrer Länge nach an, beginnend mit der kürzesten.

e) Welche der folgenden Aussagen sind richtig, welche falsch?

(i) $\overline{CE}$ ist größer als $\overline{AB}$ (ii) $[CE]$ ist kürzer als $[BC]$

(iii) $C \in [AE]$ (iv) $E \in [AB]$

(v) $B \notin [AE]$ (vi) $D \in [AE]$

Übung 2

Ermittle die Lage der Punkte S, für die gilt:

$S \in [BC]$ und zugleich $S \in [AD]$

a) 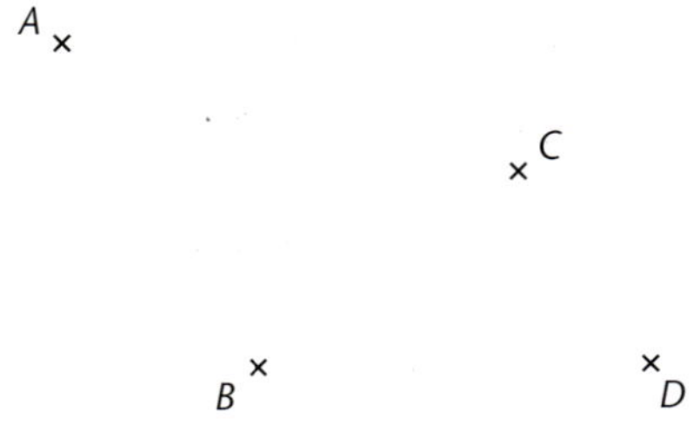

b) 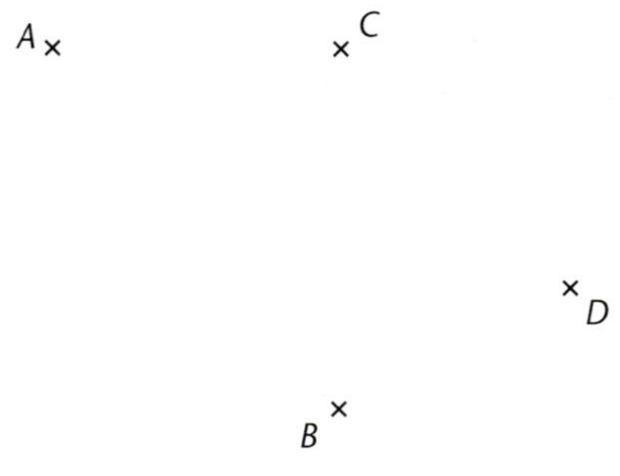

2 Gitternetz und Koordinaten

Eine bequeme und sichere Methode, um sicherzustellen, dass geometrische Zeichnungen von verschiedenen Personen jeweils übereinstimmen, ist die Verwendung eines **Gitternetzes**.
Ein Gitternetz besteht zunächst aus zwei **Koordinatenachsen**, die sich in einem Punkt, dem **Ursprung**, treffen. Die erste Achse verläuft waagrecht mit nach rechts ansteigenden Werten, die zweite Achse verläuft senkrecht dazu mit nach oben ansteigenden Werten. Wir erhalten damit ein Koordinatensystem.
Die Lage von Punkten im Gitternetz wird durch **Koordinaten** gegeben, das sind Zahlenwerte, die die jeweiligen Abstände zu den Koordinatenachsen angeben. $P(3|4)$ bedeutet: P liegt 3 Einheiten von der 2. Achse, der **Ordinatenachse** (y-Achse), und 4 Einheiten von der 1. Achse, der **Abszissenachse** (x-Achse), entfernt.

Beispiele

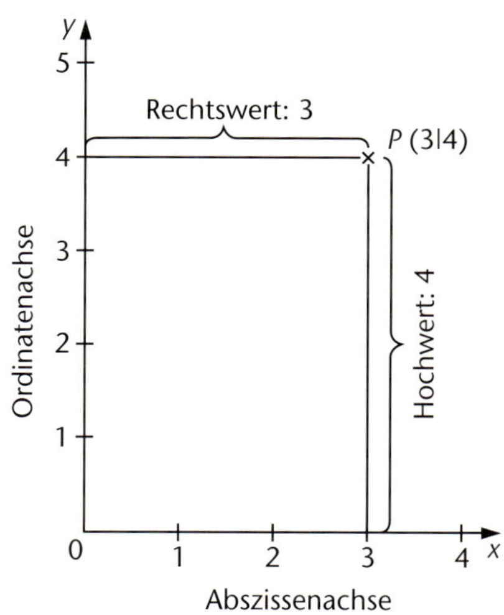

3 heißt auch **Rechtswert** oder **Abszisse** für den Punkt P, weil die entsprechende Strecke nach rechts angetragen wird.
4 heißt entsprechend **Hochwert** oder **Ordinate** von P.

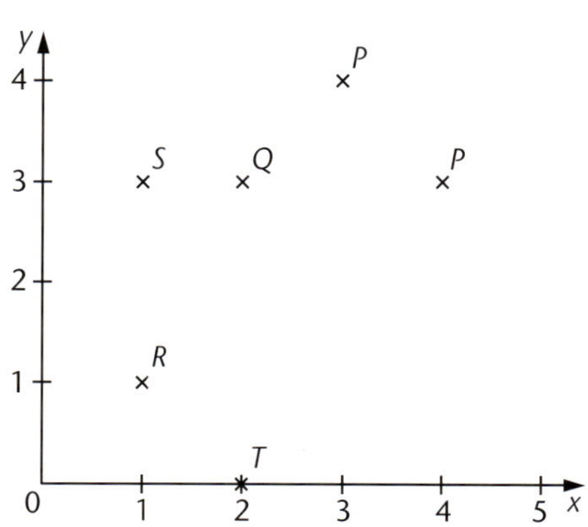

Weitere Beispiele: $Q(2|3)$; $R(1|1)$; $S(1|3)$; $T(2|0)$ und $P(4|3)$ bzw. $P(3|4)$

Bei $P(4|3)$ und $P(3|4)$ handelt es sich um zwei verschiedene Punkte, jedoch mit dem gleichen „Namen" P.

Übung 1

Woran kannst du sofort an den Koordinaten eines Punktes erkennen, dass dieser auf der x-Achse bzw. auf der y-Achse liegen muss?

Übung 2

Zeichne zunächst die Punkte $A(0|1)$, $B(1|3)$, $C(1|1)$, $D(2|3)$ und verbinde sie hintereinander. Finde noch die Punkte E, F, G, H, I, J und K mit ihren Koordinaten, sodass sich das angefangene Sägezahnmuster gleichmäßig fortsetzt.

Übung 3

Baue eine Treppe mit gleich bleibenden Stufen: $A(2|0)$, $B(2|1)$, $C(4|1)$, $D(4|2)$, $E(6|2)$. Wo liegen die weiteren Punkte $F, G, \ldots K$?

Übung 4

$A(4|1)$, $B(5|3)$, $C(7|4)$ und $D(5|5)$ bilden den Anfang eines Sterns. Vollende ihn und gib die entsprechenden Koordinatenwerte der ergänzten Punkte an! Wo liegt die Mitte M des Sterns?

Übung 5

Trage die folgenden Punkte in ein Koordinatensystem ein, verbinde sie miteinander und bestimme dann die Längen der einzelnen auftauchenden Strecken (Längeneinheit: 1 cm):

a) $A(2|2)$, $B(5|2)$, $C(5|6)$ b) $D(1|1)$, $E(13|1)$, $F(1|6)$

a) (i) $\overline{AB}$ (ii) $\overline{BC}$ (iii) $\overline{AC}$

b) (i) $\overline{DE}$ (ii) $\overline{EF}$ (iii) $\overline{DF}$

Übung 6

Zeichne in ein Koordinatensystem den Grundriss eines vierflügeligen Windrades, dessen einer Flügel durch $A(1|9)$, $B(7|7)$ und $C(7|9)$ gegeben ist und dessen Drehpunkt M in $(8|8)$ liegt (Platzbedarf: etwa eine halbe Seite).
Welche Koordinaten haben die übrigen Punkte deines Grundrisses?

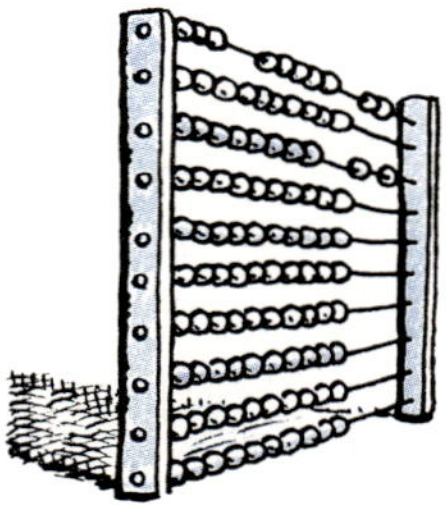

3 Halbgerade, Gerade

Wird eine Strecke, z. B. [*AB*], über ihre beiden Endpunkte hinaus unbegrenzt verlängert, so erhält man eine Gerade, z. B. die Gerade *AB* oder kurz *AB*.
Natürlich kannst du immer nur einen Ausschnitt einer Geraden, also genau genommen eine Strecke zeichnen. Aber du sollst wissen, dass die Gerade selbst nach beiden Seiten hin unbegrenzt ist.
Geraden werden oft auch mit kleinen Buchstaben, z. B. *g*, *h*, *i*, *k*, *l*, ..., bezeichnet.
Geschieht die (unbegrenzte) Verlängerung einer Strecke, z. B. von [*AB*] nur über einen Endpunkt, z. B. *B*, hinaus, erhält man eine Halbgerade, hier [*AB*, wenn wir die Richtung von *A* nach *B* und darüber hinaus betonen wollen. [*AB* heißt auch „Strahl *AB*".
Schneiden sich zwei Geraden, z. B. *g* und *h*, in einem Punkt, z. B. *S*, so schreiben wir: $g \cap h = \{S\}$ oder $g \times h = S$
und wir sagen: *g* geschnitten (mit) *h* ergibt *S*.

Übung 1

Zeichne in ein kartesisches Koordinatensystem vier Punkte mit dem gemeinsamen Hochwert 3. Wo liegen alle Punkte mit diesem Hochwert?

Übung 2

Wo liegen in einem Koordinatensystem alle Punkte mit dem gemeinsamen Rechtswert 2?

Übung 3

Wo liegen alle Punkte, deren Hochwerte jeweils mit den Rechtswerten übereinstimmen?
Zeichne hierfür $A(1|1)$, $B(2|2)$, $C(3|3)$ und $D(4|4)$ in das Koordinatensystem ein.

Übung 4

Zeichne *AB* mit $A(2|3)$ und $B(5|3)$ und *CD* mit $C(3|1)$ und $D(5|2)$. Gib die Koordinaten des Punktes im Koordinatensystem an, an dem sich *AB* und *CD* schneiden.

Übung 5

Zeichne den Bereich aller Punkte, deren Hochwerte mindestens 2, aber höchstens 5 betragen!

Übung 6

Zeichne den Bereich aller Punkte, deren Rechtswerte mindestens 1, aber höchstens 6 betragen!

Übung 7

Zeichne den Bereich aller Punkte, deren Rechtswerte höchstens 4 und deren Hochwerte zugleich mindestens 3 betragen!

Übung 8

Es sind die Punkte $A(1|1)$, $B(5|3)$, $C(1|5)$ und $D(7|1)$ gegeben.

a) Zeichne die gegebenen Punkte in ein Gitternetz

und dazu AB; $[AC$; $[\overrightarrow{AD}$ und $[BD]$

b) Bestimme durch Nachmessen aus der Zeichnung $\overline{AC}$ und $\overline{BC}$ in Millimetern.

c) Wo liegen alle Punkte P der Halbgeraden $[AB$, für die gilt: $\overline{CP} > \overline{BC}$?

d) Schätze ab, wo der Punkt $S \in AB$ liegt, der dem Punkt C am nächsten kommt?

Übung 9

a) Zeichne 5 beliebige Punkte so, dass niemals 3 von ihnen auf einer Geraden liegen.

b) Je zwei Punkte bestimmen jetzt eine Gerade. Wie viele verschiedene Geraden kannst du nun insgesamt durch die 5 Punkte legen? Zeichne sie.

c) Versuche zu begründen, weshalb es genau so viel Geraden geben muss, wie du gefunden hast.

4 Lagebeziehungen

Du kennst bereits die Zeichen $\in$ und $\notin$, mit deren Hilfe wir angeben, ob ein Punkt auf einer Geraden oder Strecke liegt oder ob er es nicht tut. Wir können diese Zeichen aber in viel größerem Umfang benutzen, z. B. bedeutet $[AB] \in AB$, dass die Strecke AB in der Geraden AB enthalten ist, d. h., dass alle Punkte der Strecke auch Punkte der Geraden sind.

Beispiele

Wenn $[AB] \in [CD]$ gilt, heißt dies, dass ganz $[AB]$ in $[CD]$ enthalten ist; dies kann auf verschiedene Arten der Fall sein:

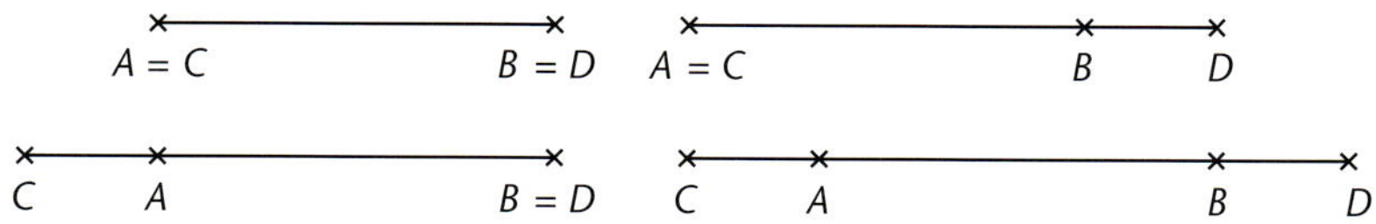

Bei folgenden Fällen gilt jedoch $[AB] \notin [CD]$

Liegen zwei Strecken oder auch zwei Geraden **zueinander senkrecht**, so schreibt man: $[AB] \perp [CD]$ bzw. $g \perp h$

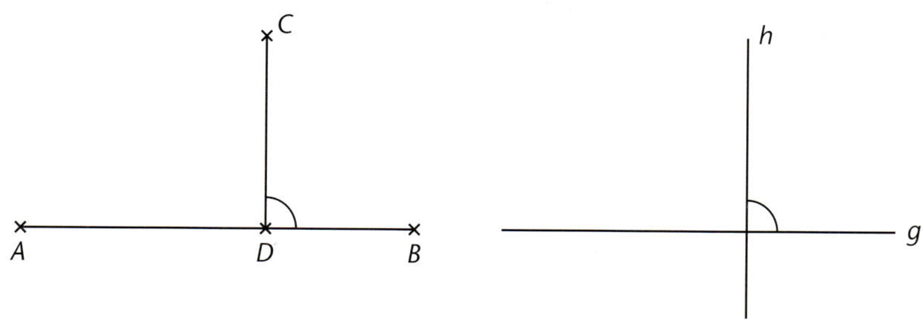

In der Zeichnung drückt man das Senkrechtstehen meist durch ⦜ aus. Verlaufen Geraden so zueinander, dass sie sich nicht schneiden, auch nicht bei fortgesetzten Verlängerung, dann sind sie **zueinander parallel**: $g \parallel h$. Auch Strecken können zueinander parallel sein, nämlich genau dann, wenn sie auf zueinander parallelen Geraden liegen:

$[AB] \parallel [CD]$, weil $g \parallel h$

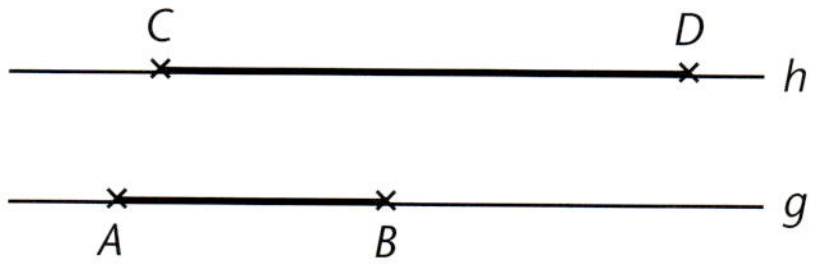

Übung 1

a) Zeichne in ein Koordinatensystem folgende Punkte ein:

$A(2|1)$, $B(10|5)$, $C(4|2)$, $D(6|3)$, $E(1|4)$, $F(9|8)$, $G(0|5)$, $H(4|7)$.

b) Welche der folgenden Feststellungen sind wahr, welche sind falsch? Hilf dir mit einem zweiten Geodreieck bzw. mit einem Lineal bei der Überprüfung der Parallelität.

	w	f		w	f
$AB \parallel EF$	☐	☐	$AE \parallel BF$	☐	☐
$[AB] \parallel [EF]$	☐	☐	$AG \parallel BF$	☐	☐
$[AB] \parallel [CD]$	☐	☐	$AG \perp GH$	☐	☐
$[AB] \parallel CD$	☐	☐	$AB \perp BF$	☐	☐
$GH \parallel EF$	☐	☐	$\overline{AD} = \overline{DB}$	☐	☐
$\overline{GH} = \overline{AD}$	☐	☐	$[AB] \not\in [CD]$	☐	☐

Übung 2

Zeichne eine Gerade *AB* und durch *A* und *B* jeweils eine weitere Gerade so, dass das zuletzt gezeichnete Geradenpaar senkrecht auf *AB* steht. Wähle einen beliebigen Punkt *P* auf einer Geraden des Paars und ziehe durch ihn eine Parallele zu *AB*. Diese Parallele schneidet die zweite Gerade des Paars in *Q*.

Welche wahren Aussagen gelten für

a) PQ

b) $\overline{PQ}$

c) $[PQ]$

Übung 3

Zeichne folgende Punkte in ein Koordinatensystem (1 Kästchen entspricht einer Einheit):

$A(0|0)$; $B(2|1)$; $C(6|3)$; $D(12|6)$; $E(20|10)$; $F(20|6)$; $G(26|3)$; $H(30|1)$; $I(32|0)$.

Wo liegt der Schnittpunkt *S* von *AD* und *FI*?

S hat die Koordinaten (|)

5 Quadrat

Erinnere dich an Aufgaben, wo wir Strecken aneinander gefügt, also Streckenzüge erzeugt haben. Beschäftigen wir uns nun mit einem besonderen, geschlossenen Streckenzug. Er soll aus vier jeweils gleich langen Strecken bestehen, die aufeinander senkrecht stehen.

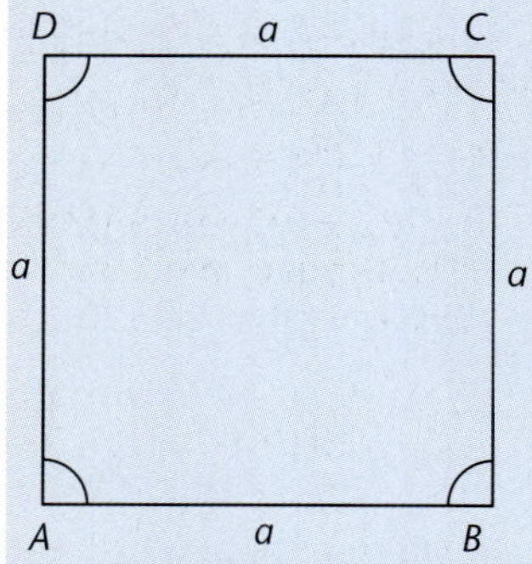

Eigenschaften des **Quadrats** in Zusammenfassung:

1. Es hat vier gleich lange Seiten.
2. Gegenüberliegende Seiten sind zueinander parallel
3. Benachbarte Seiten stehen aufeinander senkrecht.

Viele Flächeninhalte lassen sich dadurch bestimmen, dass man sich überlegt, von wie vielen kleinen Quadraten, den so genannten **Einheitsquadraten**, die entsprechende Fläche ausgefüllt werden kann. Misst eine Quadratseite gerade einen Meter, so beträgt der Flächeninhalt des Quadrates, oder kurz seine Fläche, genau einen Quadratmeter: 1 m^2. Seitenlängen und Flächeninhalte bei Quadraten hängen also folgendermaßen zusammen:

Seitenlänge	1 mm	1 cm	1 dm	1 m
Flächeninhalt	1 mm^2	1 cm^2	1 dm^2	1 m^2

Weitere Maße: 1 a: 1 Ar; 1 ha: 1 Hektar

Seitenlänge	10 m	100 m	1 km
Flächeninhalt	1 a = 100 m^2	1 ha = 100 a = 10000 m^2	1 km^2 = 100 ha = 10000 a

Beispiel 1

Ein quadratisches Bild misst 12 cm auf 12 cm. Wie groß ist sein Flächeninhalt?

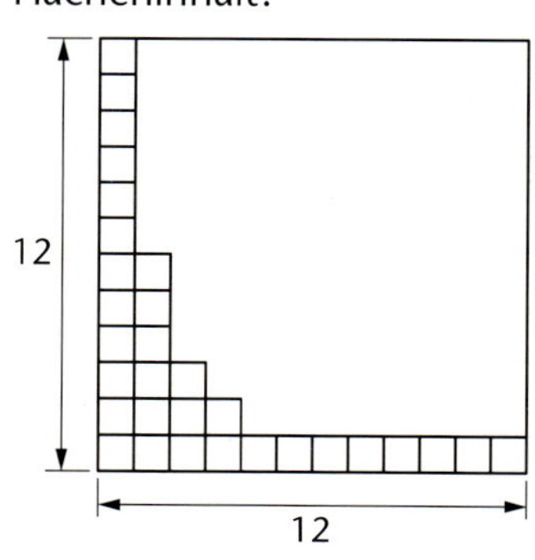

Überlegung anhand einer Zeichnung! Uns stehen kleine Einheitsquadrate von 1 cm^2 Inhalt zur Verfügung.
In die unterste Reihe passen genau 12 unserer kleinen Quadrate hinein. Insgesamt müssen wir 12 solcher Reihen anlegen, bis die ganze Bildfläche ausgefüllt ist, somit brauchen wir 12 mal 12, also 144 Einheitsquadrate.
Der Flächeninhalt des Bildes beträgt damit 144 cm^2.

Aus unserer Lösung entnehmen wir: Der Flächeninhalt einer quadratischen Fläche errechnet sich aus der Seitenlänge a durch Multiplikation dieser Seitenlänge mit sich selbst:
$A_{Quadrat} = a \cdot a = a^2$

Seitenlänge a	1 mm	2 cm	3 dm	4 m	5 km
Flächeninhalt A	1 mm^2	4 cm^2	9 dm^2	16 m^2	25 km^2

Beispiel 2

Erinnerung: Die Umrechnungszahl bei benachbarten Längeneinheiten (mm→cm; cm→dm; dm→m) war 10,
d. h. 10 mm = 1 cm; 10 cm = 1 dm; …

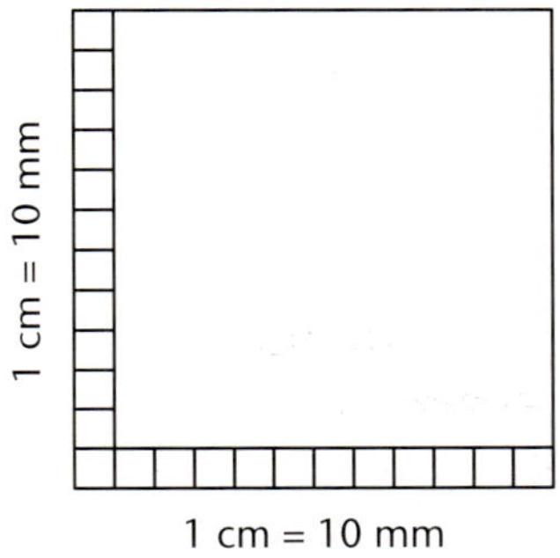

Frage: Welche Umrechnungszahl gilt nun bei benachbarten Flächeneinheiten?

Es haben 10 mal 10, also 100 kleinere Quadrate Platz, woraus folgt:
100 mm^2 = 1 cm^2.
Ebenso muss dann gelten:
100 cm^2 = 1 dm^2 und 100 dm^2 = 1 m^2.

Die Umrechnungszahl benachbarter Flächeneinheiten beträgt 100.

Übung 1

Berechne bei gegebener Seitenlänge die Flächeninhalte der entsprechenden Quadrate!

a) 3 cm b) 6 cm c) 5 dm d) 4 dm 5 cm e) 12 km
f) 38 m g) 5 dm 4 cm h) 12 m 8 dm i) 7 m 5 cm

Übung 2

Welche Seitenlänge haben die folgenden Quadrate, deren Flächeninhalte gegeben sind?

a) 49 cm^2 b) 81 cm^2 c) 169 km^2 d) 225 dm^2
e) 1000 m^2 f) 900 cm^2 g) 30 m^2 25 dm^2
h) 1 m^2 10 dm^2 25 cm^2 i) 4 dm^2 24 cm^2 36 mm^2

Übung 3

Ordne die Quadrate der Größe nach, beginnend mit dem kleinsten! Beachte, dass nur jeweils ein Maß (die Seitenlänge oder der Flächeninhalt) gegeben ist. Du solltest also zuerst alle fehlenden Maße bestimmen. Am Schluss solltest du eine Quadratkette erhalten, die so ähnlich aussieht: Q1 < Q3 < Q2 = Q4 < Q5

	Q1	Q2	Q3	Q4	Q5	Q6	Q7	Q8
Seitenlängen	13 cm			12 m		9 km		
Flächeninhalt		121 km^2	1 dm^2 69 cm^2		1 m^2 69 dm^2		36 cm^2	81 m^2

6 Rechteck

Gehen wir von einem beliebigen Quadrat *ABCD* aus und ziehen zu einer Seite, z. B. [*AB*], eine Parallele, die die senkrecht dazu verlaufenden Quadratseiten in *E* und *F* schneidet.

Welche Eigenschaften des ursprünglichen Quadrats finden sich in den Figuren *ABFE* und *EFCD* wieder und welche gehen verloren?

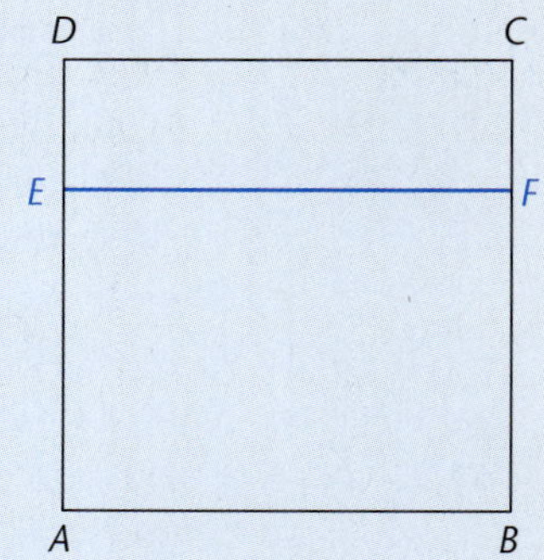

Man nennt Figuren wie *ABFE* und *EFCD* **Rechtecke**.

Du hast sicher schon entdeckt:
a) Benachbarte Seiten stehen jeweils aufeinander senkrecht.
b) Gegenüberliegende Seiten sind zueinander parallel.
c) Gegenüberliegende Seiten sind gleich lang.

Du siehst: Die Eigenschaften a) und b) sind genau die gleichen wie beim Quadrat, die Eigenschaft c) ist eine leichte Einschränkung gegenüber dem Quadrat, wo alle vier Seiten gleich lang sind. Damit können wir sagen: Das Quadrat ist ein besonderes Rechteck, es ist der Sonderfall mit vier gleich langen Seiten.

Beispiel

Flächenmessung: Wie beim Quadrat fragen wir uns hier beim Rechteck: Wie viele kleine Einheitsquadrate haben im Rechteck Platz?

Ein rechteckiger Papierstreifen messe 12 cm auf 5 cm. Man sagt auch: Der Streifen hat eine Länge von 12 cm und eine Breite von 5 cm. Insgesamt haben 5 mal 12 Einheitsquadrate von je 1 cm^2 Fläche nebeneinander Platz. Der Flächeninhalt beträgt somit 5 mal 12 cm^2, also 60 cm^2.

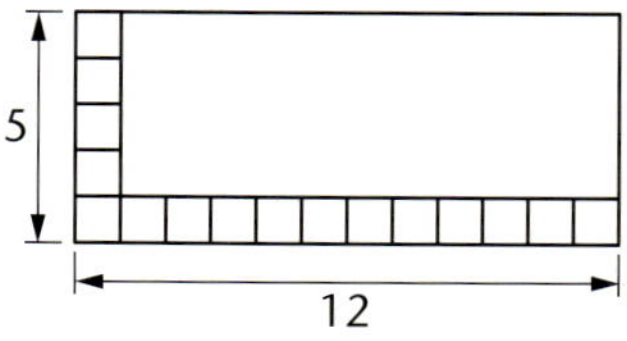

Allgemein:
Flächeninhalt *A* eines Rechtecks der Länge *a* und der Breite *b*:
$A_{\text{Rechteck}} = a \cdot b$.

Merke: *a* und *b* in gleichen Längeneinheiten angeben!

Übung 1

Berechne bei gegebenen Seitenlängen die Flächeninhalte der entsprechenden Rechtecke.

a) 10 cm; 3 cm
b) 8 cm; 2 dm
c) 7 cm 5 mm; 4 mm
d) 75 mm; 4 cm
e) 3 m 3 cm; 2 dm 2 cm
f) 45 m; 3 m 50 cm

Übung 2

Berechne in einem Rechteck die Länge der zweiten Seite, wenn Flächeninhalt und Länge der ersten Seite gegeben sind.

a) 120 cm^2; 30 cm
b) 5 dm^2; 25 cm
c) 2 m^2 25 dm^2; 3 dm
d) 4 ha 50 a 50 m^2; 25 m
e) 6 km^2; 300 m
f) 12 cm^2 50 mm^2; 25 cm

Übung 3

Berechne zunächst die fehlenden Werte und ordne dann die Rechtecke der Größe nach, beginnend mit demjenigen, das den kleinsten Flächeninhalt hat.

	R1	R2	R3	R4	R5	R6
Seitenlängen	2 dm	1 m 50 cm	3 dm		4 cm	
	3 cm	3 dm	2 cm	3 dm		8 dm
Flächeninhalt				36 cm^2	8 dm^2	2 dm^2 24 cm^2

Übung 4

Zeichne in ein Koordinatensystem jeweils die gegebenen drei Punkte ein und ergänze sie durch den gesuchten Punkt zu einem Rechteck. Gib die gefundenen Koordinatenwerte an (KOS mit ca. 11 auf 10 Einheiten).

a) $A(2|8)$; $B(4|8)$; $C(2|4)$; $D(\ |\ )$
b) $E(6|0)$; $F(10|0)$; $G(6|2)$; $H(\ |\ )$
c) $I(3|0)$; $J(0|4)$; $K(11|6)$; $L(\ |\ )$

Übung 5

Eine 5 m breite und 3 m hohe Flagge soll waagrechte Streifen in der Reihenfolge rot-weiß-rot aufweisen, wobei den beiden Farben gleich viel an Fläche zukommt. Wie hoch müssen die Streifen gewählt werden, wenn die äußeren Streifen deckungsgleich sein sollen?

7 Dreieck

Verbinden wir 3 Punkte, z. B. A, B und C, die nicht zusammen auf einer Linie liegen, miteinander durch Strecken, so erhalten wir ein Dreieck, z. B.: $\triangle ABC$.

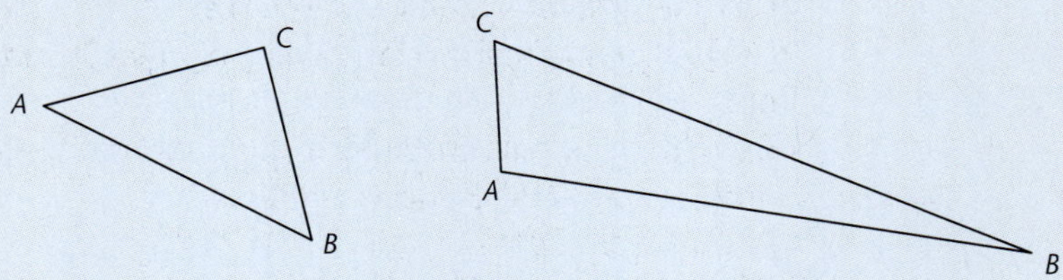

Dreiecke können ganz unterschiedliche Formen haben. Besonders interessante Dreiecke kann man sich auch entstanden denken aus Teilen von Figuren, die uns schon bekannt sind, dem Quadrat und dem Rechteck.

Beispiel 1

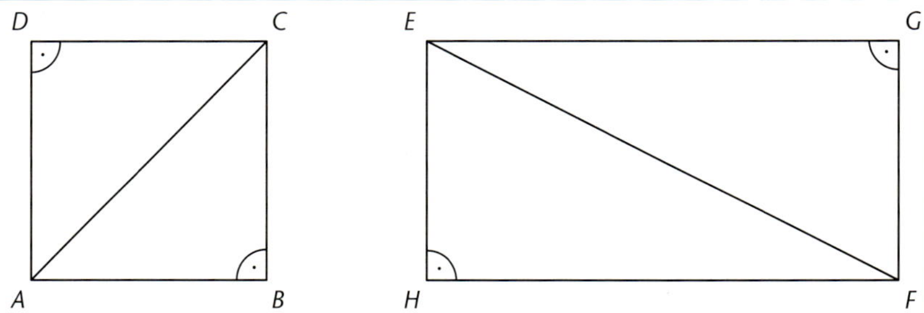

$\triangle ABC$ und ebenso $\triangle ACD$ haben jeweils zwei gleich lange Seiten. Sie heißen deshalb **gleichschenklig**. Diese Seiten bzw. Schenkel stehen zudem noch im Punkt B bzw. in D aufeinander senkrecht.
Das Senkrechtstehen zweier Seiten, die aber nicht mehr gleich lang sind, findet sich auch in $\triangle EFH$ und $\triangle HFG$.
In diesen Fällen können wir auf einfache Art den Flächeninhalt eines Dreiecks bestimmen:
$A_{\triangle ABC} = A_{\square ABCD} : 2$ bzw. $A_{\triangle EFH} = A_{\square EFGH} : 2$,
denn das Quadrat bzw. das Rechteck können wir uns aus zwei flächengleichen Dreiecken zusammengesetzt denken.

Beispiel 2

Hat ein Dreieck drei gleich lange Seiten, so nennen wir es **gleichseitig**.

$\overline{AB} = \overline{BC}$
$\overline{BC} = \overline{AC}$
$\overline{AC} = \overline{AB}$

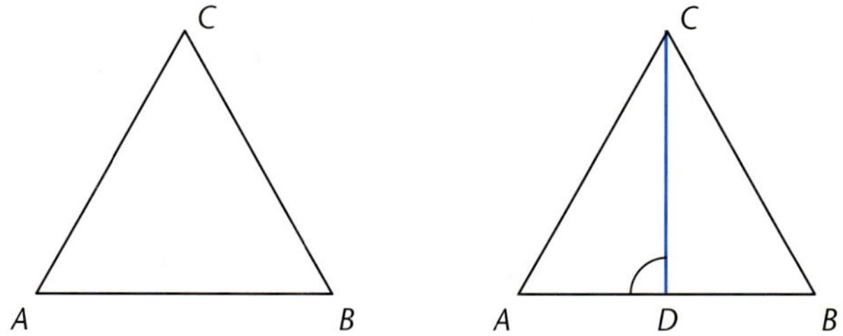

Für die Flächenberechnung denken wir uns das Dreieck durch die Senkrechte von *C* auf [*AB*] halbiert und die beiden Teile zu einem Rechteck zusammengesetzt:

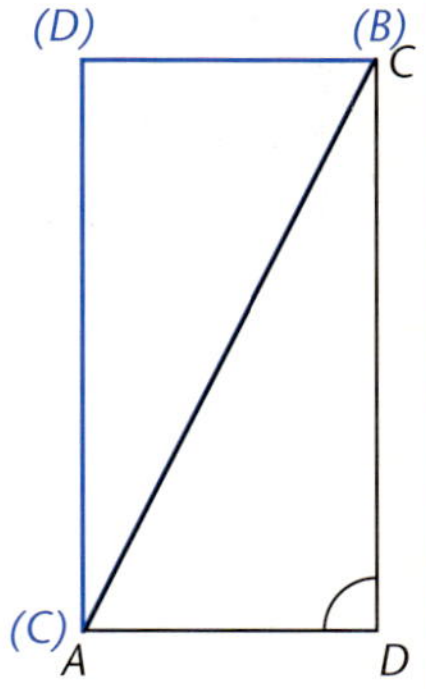

$A_{\triangle ABC} = \overline{AD} \cdot \overline{CD}$,

[*CD*] heißt auch Höhe des Dreiecks.
[*AD*] ist genau halb so lang wie [*AB*], die Grundlinie.
Der Flächeninhalt ergibt sich so als die Hälfte des Produkts aus Höhe und Grundlinie:
$A_{\triangle ABC} = \left(\overline{AB} \cdot \overline{CD}\right) : 2$
Dies gilt übrigens für alle Dreiecke, nicht nur bei Gleichseitigkeit.

Übung 1

a) Verbinde in einem Quadrat alle Seitenmitten miteinander.
b) Wie viele Dreiecke erkennst du?

Übung 2

Ausgehend vom Quadrat *ABCD* wurden 4 gleiche, gleichschenklige Dreiecke so gezeichnet, dass deren Spitzen (*E* ,*F*, *G* und *H*) wieder ein Quadrat bilden.
Wie groß ist der Flächeninhalt des Quadrats *EFGH* im Verhältnis zu dem des Quadrats *ABCD*? (Tipp: Verbinde *A* mit *C* und *B* mit *D*).

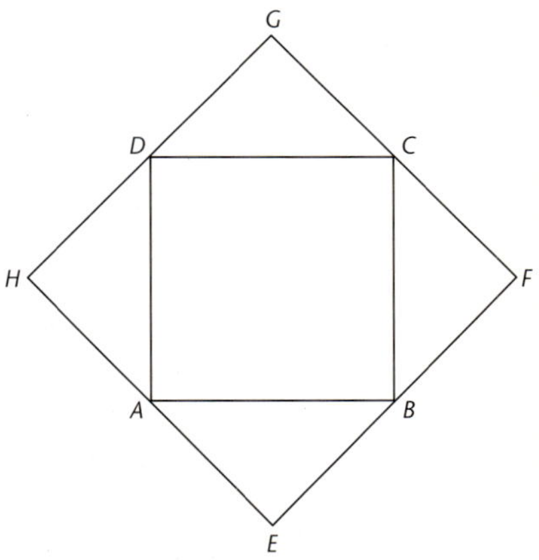

Übung 3

Im Quadrat *ABCD* sind mit dem Eckpunkt *D* der Eckpunkt *B* und die Mitten *E* und *F* der gegenüberliegenden Seiten verbunden.

a) Benenne die neu entstandenen Dreiecke (es sind sechs!).
b) Welche der obigen Dreiecke haben jeweils die gleiche Gestalt?
c) Begründe, weshalb die Dreiecke *AED* und *EBD* jeweils genau ein Viertel der Fläche des Quadrats *ABCD* einnehmen.

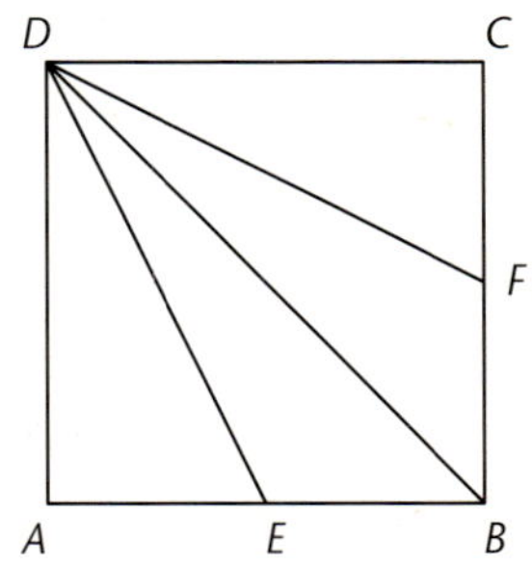

8 Kreis

In diesem Kapitel sollst du vor allem den Umgang mit dem Zirkel üben, dem wunderbaren Instrument, mit dem man perfekte Kreise zeichnen kann, was mit freier Hand niemals so gut gelingt. Ein **Kreis** *k* wird festgelegt durch seinen **Mittelpunkt** (*M*) und seinen **Radius** (*r*).

Alle Punkte der Kreislinie haben vom Mittelpunkt den gleichen Abstand, nämlich *r*; und umgekehrt: Alle Punkte, die von einem Punkt (z. B. *M*) den gleichen Abstand (z. B. 4 cm) haben, liegen auf der Kreislinie um *M* mit Radius $r = 4$ cm.

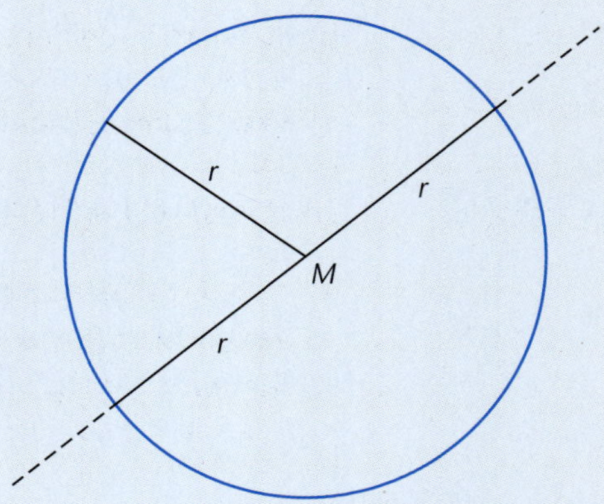

Jede Gerade, die den Mittelpunkt eines Kreises enthält, schneidet die Kreislinie in zwei Punkten, die sich genau gegenüber liegen und damit zwei Radiuslängen voneinander entfernt sind. Es gilt: $2r = d$, *d* heißt **Durchmesser** des Kreises. Das Gebiet innerhalb der Kreislinie heißt innere Kreisfläche oder Kreisinneres.

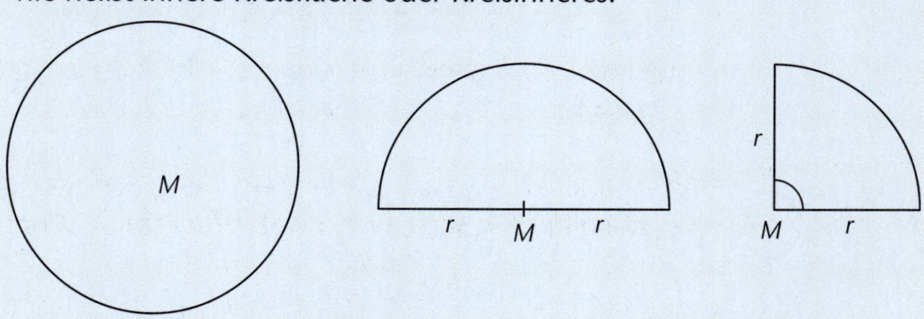

Vollkreis Halbkreis Viertelkreis

Übung 1

Zeichne einen Kreis mit Radius 3 cm. Lege einen beliebigen Punkt *A* auf der Kreislinie fest und trage von *A* ausgehend den Radius auf der Kreislinie fortschreitend ab. Du erhältst nacheinander die weiteren Punkte *B*, *C*, *D*, …

a) Kommst du wieder genau auf *A* zurück? Wenn ja, weiter nach b). Wenn nein, dann versuche es noch einmal und bemühe dich um Genauigkeit.

b) Verbinde nacheinander *A* mit *B*, *B* mit *C*, usw. Wie viele Ecken hat die entstandene Figur?

Übung 2

Zeichne zwei Punkte A und B im Abstand von 4 cm.

a) Finde nun mithilfe des Zirkels die beiden Punkte P und Q, für die gilt:

$\overline{AP} = 3$ cm und zugleich $\overline{BP} = 5$ cm bzw. $\overline{AQ} = 3$ cm und zugleich $\overline{BQ} = 5$ cm.

b) Markiere in deiner Zeichnung diejenige Fläche, wo alle die Punkte liegen, die von A weiter als 3 cm und zugleich von B weniger als 5 cm entfernt liegen.

Übung 3

Zeichne zwei Punkte A und B im Abstand von 6 cm.

a) Finde mithilfe des Zirkels die beiden Punkte P und Q, die von A und von B jeweils genau 4 cm entfernt sind.
b) Wiederhole a) mit den neuen Entfernungen 5 cm und 6 cm.
c) Was fällt dir an der Lage der Punkte P und Q auf?

Übung 4

In einem Koordinatensystem sind $A(3|4)$ und $B(7|4)$ gegeben.

a) Zeichne zunächst den Bereich der Punkte P, für die gilt: $\overline{AP} < 3\text{cm}$.

b) Verfahre nach a) mit $\overline{BP} < 3\text{cm}$.

c) Gib in einer neuen Zeichnung die Punkte P an, für die gilt $\overline{CP} < 3\text{cm}$, wenn $C \in [AB]$.

d) Schraffiere in einer dritten Zeichnung den Bereich der Punkte P, für die gilt: $\overline{CP} < 3\text{cm}$, wenn C alle Punkte von A nach B durchwandert.

9 Vermischte Aufgaben (I)

Übung 1

Ordne die Quadrate der Größe nach, beginnend mit dem kleinsten! Beachte, dass nur jeweils ein Maß (die Seitenlänge oder der Flächeninhalt) gegeben ist. Du solltest also zuerst alle fehlenden Maße bestimmen. Am Schluss solltest du eine Quadratkette erhalten, die so ähnlich aussieht: Q1 < Q3 < Q2 = Q4 < Q5. Die Ergebnisse sind in gemischten Einheiten anzugeben.

	Q1	Q2	Q3	Q4
Seitenlänge	1 dm 4 cm		6 m 4 cm	
Flächeninhalt		$1\,dm^2$ $44\,cm^2$		$6\,dm^2$ $25\,cm^2$

	Q5	Q6	Q7	Q8
Seitenlänge		10 km 356 m		2 km 345 m 6 dm
Flächeninhalt	$9\,m^2$ $24\,dm^2$ $16\,cm^2$		$37\,cm^2$ $21\,mm^2$	

Übung 2

a) Baue ausgehend von $A(2|1)$ und $B(6|1)$ das Quadrat *ABCD* in einem Gitternetz auf. Wie lauten die Koordinaten von *C* und *D*? Wie groß ist der Flächeninhalt des Quadrats *ABCD*?

b) Verbinde die Mitten (*O*, *P*, *Q*, *R*) benachbarter Quadratseiten miteinander. Begründe, weshalb das Quadrat *OPQR* gerade den halben Flächeninhalt des Quadrates *ABCD* hat!

c) Ermittle im Quadrat *OPQR* die Koordinaten der Seitenmitten (*S*, *T*, *U*, *V*) und verbinde die benachbart liegenden Mitten miteinander! Welchen Flächeninhalt *A* hat das neue Quadrat *STUV*?

Übung 3

In einem quadratischen Garten (Flächeninhalt: $625\,m^2$) soll genau in der Mitte ein wiederum quadratisches Schwimmbad gebaut werden, mit der Seitenlänge 12 m 50 cm. Wie groß ist der Inhalt der verbleibenden Rasenfläche?

Übung 4

Zeichne ein Quadrat *ABCD* mit der Seitenlänge 4 cm. Errichte über den Seiten 4 gleiche, gleichschenklige Dreiecke mit den Spitzen *E*, *F*, *G* und *H* (siehe Übung 2, Seite 22), *E* soll über [*AD*] liegen. Halbiere nun jeweils [*AF*], [*BG*], [*CH*] und [*DE*] und verbinde die Halbierungspunkte miteinander.

a) Welche neue Figur ergibt sich aus den Halbierungspunkten?

b) Verfahre ebenso mit [*FB*], [*GC*], [*HD*] und [*EA*].

Übung 5

a) Aus wie vielen Dreiecken und wie vielen Quadraten ist das nebenstehende Muster aufgebaut?

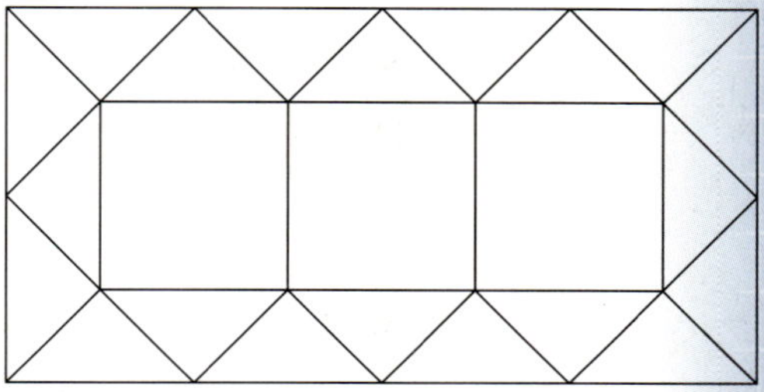

b) Wie viele der Dreiecke passen zusammen gerade in ein Quadrat? Zeichne eine solche Zusammenstellung.

c) Wie viele Dreiecke kommen hinzu, wenn das Muster um ein Quadrat, zwei (drei) Quadrate erweitert wird?

10 Würfel (I)

Ab jetzt wollen wir uns mit räumlich ausgedehnten Gegenständen, man sagt mit Körpern des Raumes, beschäftigen. Der für uns am regelmäßigsten gebaute Raumkörper ist der **Würfel**. Du kennst ihn am besten von den Spielwürfeln her.

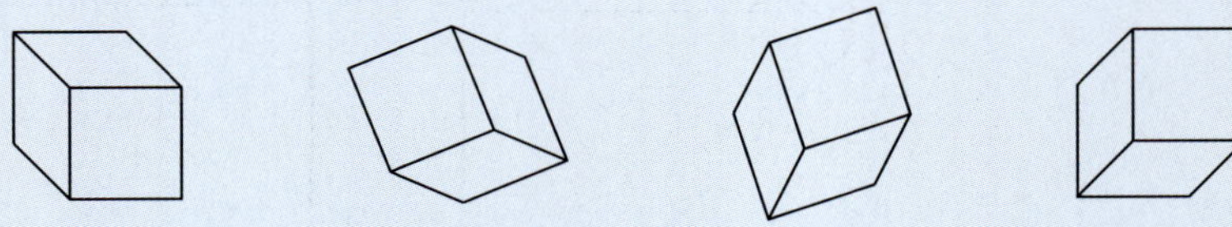

Der Würfel besitzt 6 quadratische *Seitenflächen*, 12 gleich lange *Kanten* (dort, wo zwei Seitenflächen aufeinander stoßen) und 8 *Ecken* (dort, wo 3 Seitenflächen bzw. 3 Kanten aufeinander stoßen).

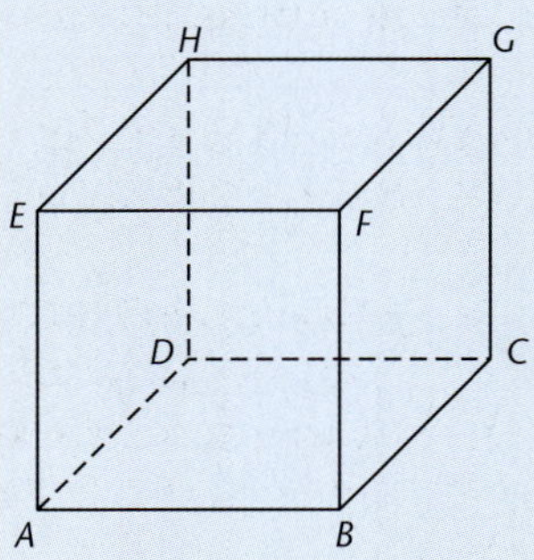

In den Zeichnungen („Schrägbilder") achten wir darauf, dass Strecken, die in unserer Zeichenblattebene bzw. parallel dahinter senkrecht oder waagrecht verlaufen, in wahrer Länge gezeichnet werden. Nach hinten oder nach vorne verlaufende Strecken werden meist verkürzt gezeichnet. Verdeckte Kanten zeichnen wir oft gestrichelt.

Gegenüberliegende Eckpunkte der Seitenquadrate werden durch *Seitendiagonalen* verbunden, z. B. $[AC]$, $[BD]$, $[BG]$ usw. Im Würfel selbst gegenüberliegende Eckpunkte werden durch die *Raumdiagonalen* miteinander verbunden: $[AG]$, $[BH]$, $[CE]$ und $[DF]$.

Beispiel 1

Schnitt durch einen Würfel

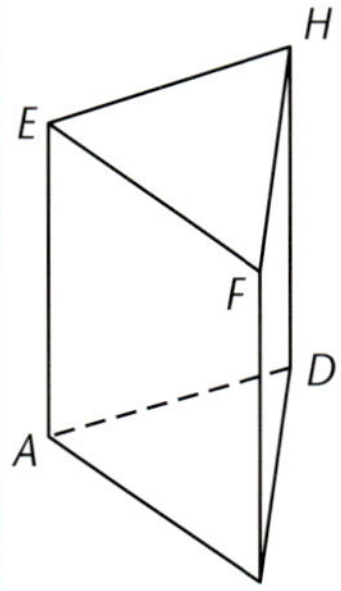

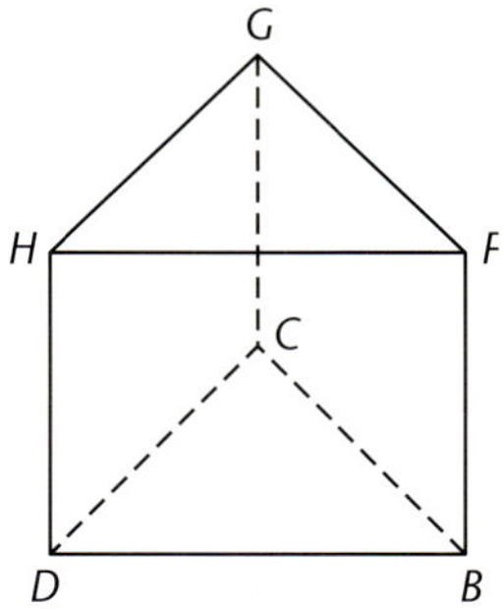

Aus der Zeichnung können wir meist nicht unmittelbar die wahren Größenverhältnissse entnehmen, so muss natürlich gelten, dass z. B. gilt: $\overline{AB} = \overline{BC}$ und $\overline{AG} = \overline{DF}$.

Geschicktes Aufschneiden (auch nur in Gedanken) des Würfels hilft hier weiter: $\overline{DF}$, die genaue Länge der Strecke DF, erhalten wir, wenn wir das Rechteck $DBFH$ ohne Verzerrung zeichnen, wofür wir aber neben $\overline{DH}$ $\left(=\overline{BF}\right)$ auch $\overline{BD}$ $\left(=\overline{FH}\right)$ brauchen.

Beispiel 2

Der Würfel *ABCDEFGH* habe eine Kantenlänge von 4 cm. Wie lang ist die Raumdiagonale [*DF*]?

$\overline{DB}$ erhalten wir aus Quadrat *ABCD*. Länge von [*DB*] wird nun neu angetragen, in den Endpunkten werden [*BF*] und [*DH*] senkrecht errichtet.

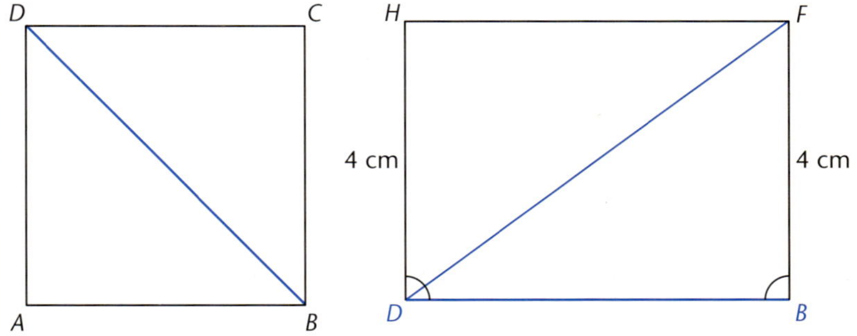

[*DF*] ist in dann in wahrer Länge abmessbar: $\overline{DF} \approx 6$ cm 9 mm

Übung 1

In unten stehender Zeichnung ist nicht festgelegt, ob die Seitenfläche *ABFE* oder die Seitenfläche *DCGH* vorne liegen soll.

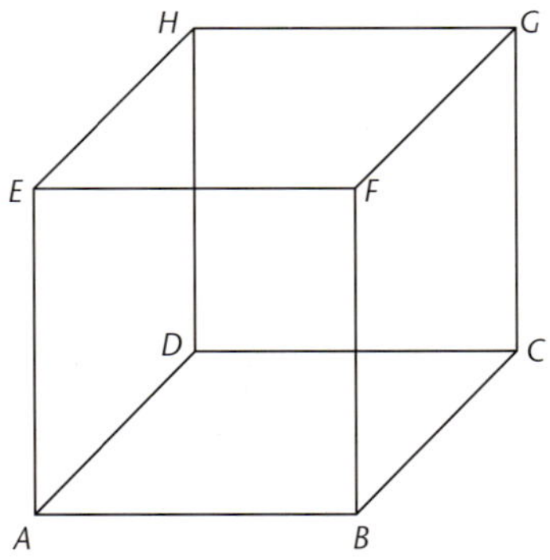

a) Fixiere den Punkt *D* und versuche ihn abwechslungsweise hinten und vorne zu sehen. Was geschieht dabei mit dem Punkt *F*?

b) Sieht man den Würfel mehr von oben oder von unten, wenn *D* vorne steht?

c) In welchem Fall kommt dir der Strahl [*DF* entgegen?

d) Versuche immer wieder, den in a) beschriebenen Sichtwechsel durchzuführen, und achte darauf, dass dir das Umschalten immer schneller gelingt. Zur Abwechslung kannst du natürlich das gleiche Spiel mit *F* machen.

Übung 2

Bestimme die Länge der Raumdiagonalen [*CE*] des Würfels *ABCDEFGH*, dessen Kantenlänge 3 cm beträgt.

Übung 3

a) Zeichne in wahrer Größe das Rechteck *ABGH* des Würfels *ABCDEFGH* ($a = 3$ cm).
b) Bestimme aus a) die Länge der Raumdiagonalen [*HB*] und [*AG*].

11 Würfel (II)

Du kannst selbst Würfel bauen, indem du von dem *„Netz"* eines Würfels ausgehst, d. h. von einem ebenen Gebilde, zu dem ein Würfel ausgeklappt werden kann, wenn er entsprechend längs bestimmter Kanten aufgeschnitten wurde.

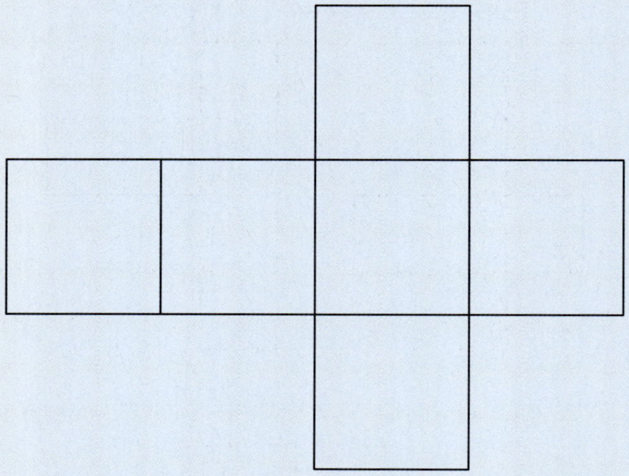

Du erhältst so die ganze **Oberfläche** O des Würfels ausgebreitet:
$O = 6 \cdot a \cdot a$, wenn a für die Kantenlänge steht.

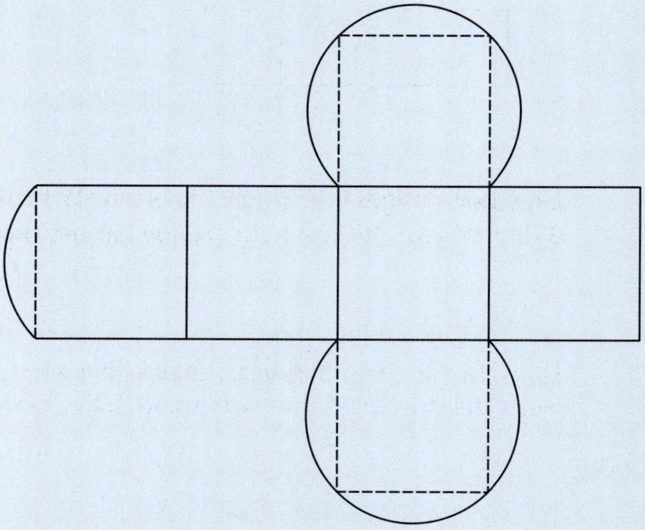

Tipp

Achte beim Selbstbau eines Würfels darauf, dass im Netz an den späteren Klebestellen etwas Papier übersteht.

Übung 1

Welche Oberfläche hat ein Würfel mit der Kantenlänge
a) 4 cm
b) 6 cm?

Übung 2

Stellen die folgenden Figuren auch mögliche Würfelnetze dar, lassen sich also aus ihnen durch Faltung geschlossene Würfel herstellen?

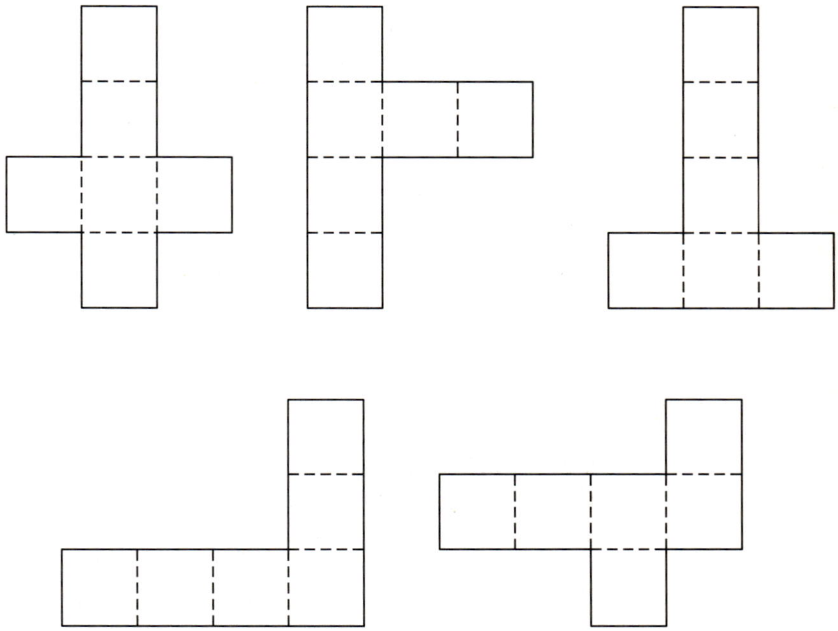

Übung 3

Ein schon fertiges Würfelnetz hat einen Flächeninhalt von $3\ dm^2\ 84\ cm^2$. Welche Kantenlänge hat der zugehörige Würfel?

Übung 4

Du willst aus einem fertigen Papierwürfel dessen Netz herstellen. Wie viele Schnitte längs von Kanten sind dafür normalerweise nötig?

12 Würfel (III)

So wie wir das Quadrat benutzt haben, um Flächenmaße zu ermitteln, wollen wir jetzt den Würfel als Grundlage für die Raum- oder Volumenmessung heranziehen.

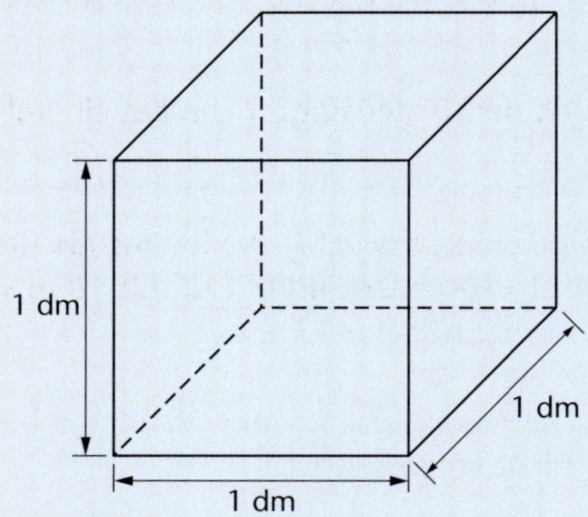

Das Grundmaß bildet zunächst ein Würfel der Kantenlänge 1 dm. Er hat das **Volumen** bzw. den **Rauminhalt** von 1 dm^3 (ein Kubikdezimeter), was genau einem Liter entspricht.

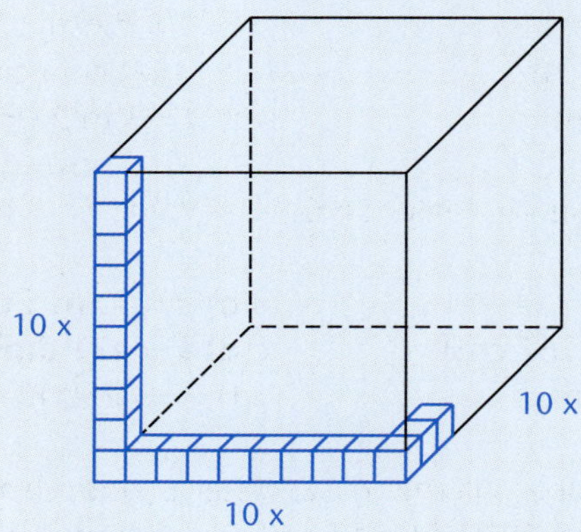

Um die Umrechnung für weitere Volumeneinheiten zu erhalten, müssen wir sehen, wie viele Würfel von 1 cm^3 Inhalt in einem Würfel der Kantenlänge 1 dm Platz finden.

Ergebnis:
$10 \cdot 10 \cdot 10 = 1000$,
also $1000 \cdot 1\ cm^3 = 1\ dm^3$.

Ebenso gilt natürlich:
$1000 \cdot 1\ dm^3 = 1\ m^3$,
denn die Umrechnungszahl für benachbarte Volumeneinheiten beträgt 1000.

Hat ein Würfel die Kantenlänge *a* cm, so haben in ihm $a \cdot a \cdot a$ 1-cm^3-Würfel Platz, für sein Volumen gilt also:
$V = a \cdot a \cdot a\ cm^3$.

Beispiel 1

Welches Volumen hat ein Würfel mit der Kantenlänge 5 cm?

Es gilt also: $a = 5$ cm und damit: $V = 5 \cdot 5 \cdot 5\ cm^3 = 125\ cm^3$.
Ein Würfel mit 5 cm Kantenlänge hat einen Rauminhalt von 125 cm^3.

Beispiel 2

Welches Volumen hat ein Würfel mit der Kantenlänge 3 dm 2 cm?

Es gilt also: $a = 3$ dm 2 cm = 32 cm (wir brauchen **eine** Einheit, keine gemischte Angabe!). Daraus folgt: $V = 32 \cdot 32 \cdot 32\ cm^3 = 32768\ cm^3 = 32\ dm^3\ 768\ cm^3$.
Ein Würfel mit 3 dm 2 cm Kantenlänge hat einen Rauminhalt von 32 dm^3 768 cm^3.

Beispiel 3

Ein Würfel hat das Volumen von 343 m^3. Wie lang sind seine Kanten?

Lösung durch Probieren: Du sollst die Zahl x finden, für die gilt $x \cdot x \cdot x = 343$.
5 für x eingesetzt liefert 125 (siehe Beispiel 1)
6 liefert 216, aber 7 liefert mit $7 \cdot 7 \cdot 7 = 49 \cdot 7 = 343$ den gesuchten Wert.

Ein Würfel mit der Kantenlänge 7 dm hat ein Volumen von 343 dm^3.

Hinweis: Einige weitere wichtige Volumeneinheiten:
Hektoliter: 1 hl =100 l; Deziliter: 1 dl mit 10 dl = 1 l;
Zentiliter: 1 cl mit 100 cl = 1 l

Übung 1

Berechne jeweils das Volumen V der Würfel mit der Kantenlänge a (Benennung nicht vergessen!)

a) $a = 2$ cm
b) $a = 8$ dm
c) $a = 8$ dm 5 cm
d) $a = 1$ m 4 dm
e) $a = 2$ m 5 cm
f) $a = 3$ m 2 dm 4 cm

Übung 2

Berechne jeweils die fehlende Größe (Volumen V oder Kantenlänge a).

a) $V = 27\ cm^3$
b) $a = 4$ cm 5 mm
c) $V = 12\ dm^3\ 167\ cm^3$
d) $V = 421\ dm^3\ 875\ cm^3$
e) $a = 5$ m 5 cm
f) $V = 125000\ m^3$

Übung 3

Ein würfelförmiger Öltank mit 2 Metern Kantenlänge ist zur Hälfte gefüllt. Wie viele Hektoliter Öl enthält der Tank derzeit?

Übung 4

Wie viele Gläschen zu je 5 Zentilitern können aus einer Dreiliterflasche gefüllt werden?

Übung 5

a) Wie viele Würfel sind in nebenstehender Stufenpyramide verbaut, wenn sie keine hohlen Stellen aufweist?

b) Wie viele Würfel benötigte man für Stufenpyramiden dieser Art, wenn deren Grundschichten
(i) 7 auf 7
(ii) 9 auf 9
(iii) 11 auf 11
Würfel aufweisen?

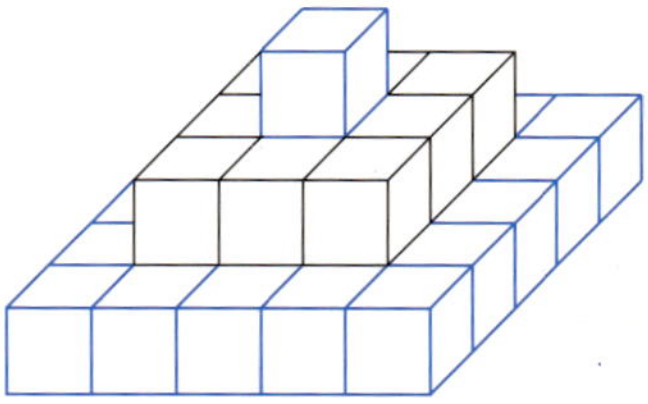

13 Quader (I)

Denke an einen Schuhkarton, Ziegelstein oder eine Zündholzschachtel!

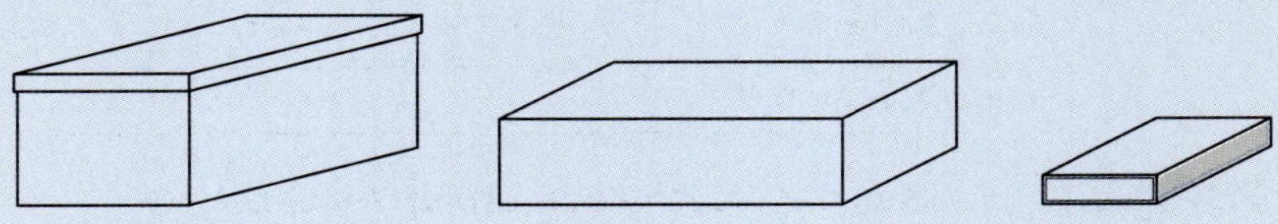

Diese Körper werden begrenzt von 6 rechteckigen Seitenflächen, man nennt sie **Quader**. Auch der Würfel ist ein Quader, eben nur mit der Besonderheit, dass die 6 Seitenflächen alle quadratisch und deckungsgleich sind. Beim Quader allgemein herrscht Deckungsgleichheit nur für die jeweils gegenüberliegenden Seitenflächen.

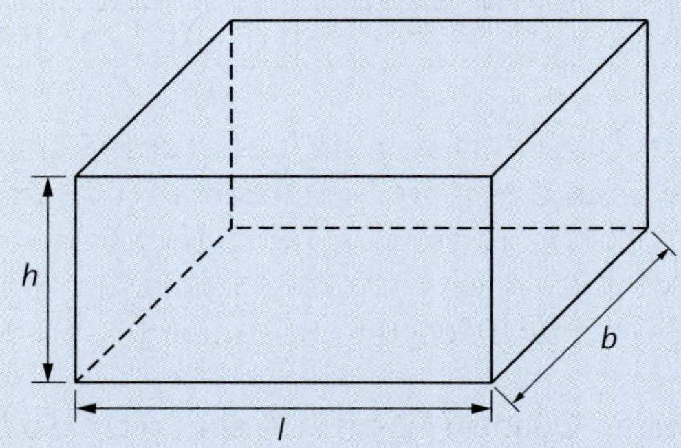

Wir unterscheiden beim Quader: **Länge** (l), **Breite** (b) und **Höhe** (h). Im Normalfall sind l, b und h voneinander verschieden.

Beispiel

Volumen eines Quaders:

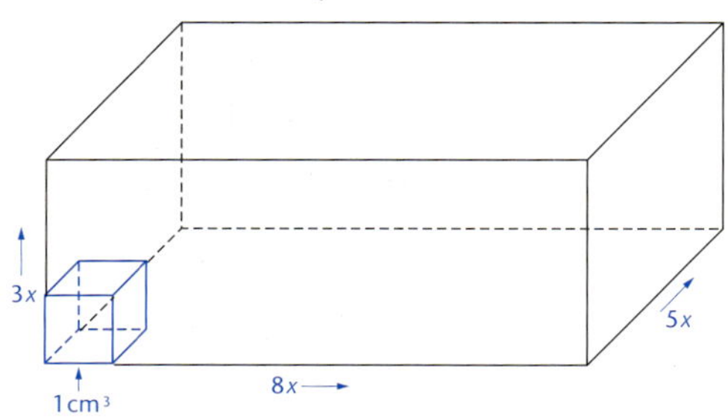

In einen Quader der Länge $l = 8$ cm, der Breite $b = 5$ cm und der Höhe $h = 3$ cm passen 8 Würfel mit dem Volumen 1 cm^3 in eine Längsreihe, wegen der Breite von 5 cm passen 5 Längsreihen nebeneinander. Damit füllen 40 Würfel die Grundschicht auf. Wegen der Höhe von 3 cm passen noch einmal 2 Schichten darüber, also haben wir insgesamt $40 + 2 \cdot 40 = 3 \cdot 40 = 120$ Würfel, die den Quader ganz ausfüllen.

Das Volumen beträgt also $8 \cdot 5 \cdot 3$ cm^3 = 120 cm^3, oder allgemein: $V = l \cdot b \cdot h$

Übung 1

Berechne das zugehörige Quadervolumen!

	Q1	Q2	Q3	Q4
Länge *l*	6 cm	1 dm	3 dm	1 m 2 dm
Breite *b*	4 cm	3 cm	1 dm 2 cm	6 dm
Höhe *h*	5 cm	4 cm	8 cm	5 cm
Volumen *V*				

Übung 2

Berechne die fehlende Größe des Quaders!

	Q1	Q2	Q3	Q4
Länge *l*	8 cm	1 dm 3 cm		8 dm 5 mm
Breite *b*		2 m	4 m	6 dm
Höhe *h*	7 cm	5 cm	3 dm	
Volumen *V*	560 cm^3		2 m^3 460 dm^3	145 dm^3 866 cm^3

Übung 3

a) Wie viele Quader mit den Maßen (20 cm / 8 cm / 6 cm) kann man höchstens aus einem großen Quader (1 m / 6 dm / 16 cm) heraussägen, wenn der Sägeverlust vernachlässigt werden darf?

b) Skizziere in einer Zeichnung, wie du sägen würdest!

Übung 4

Du sollst einen Quader (12 cm / 24 cm / 6 cm) so teilen, dass sich zwei gleiche Quader ergeben. Es gibt mehrere Möglichkeiten. Skizziere die von dir gefundenen Lösungen und gib die entsprechenden Maße der neuen Quader an!

14 Quader (II)

Wie du schon im vorhergehenden Kapitel erfahren hast, sind beim Quader gegenüberliegende Flächen immer zueinander deckungsgleich:

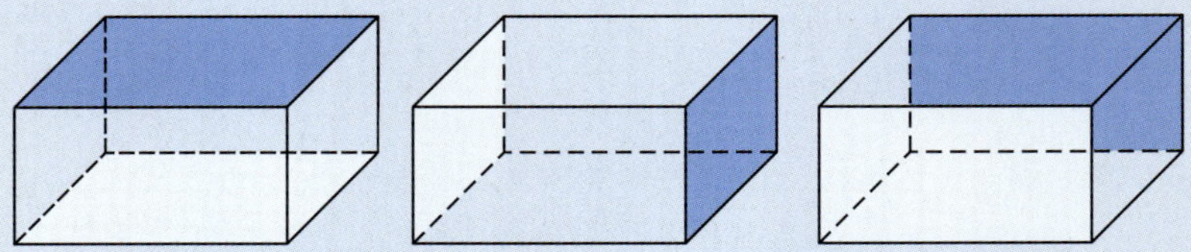

Grundfläche = Deckfläche

linke Seitenfläche = rechte Seitenfläche (Stirnflächen)

vordere Seitenfläche = hintere Seitenfläche

Beispiel

Berechnen wir die gesamte Oberfläche eines Quaders mit $l = 8$ cm, $b = 5$ cm und $h = 4$ cm:

Grundfläche G: $G = l \cdot b = 8 \cdot 5 \text{ cm}^2 = 40 \text{ cm}^2$

Stirnfläche S: $S = b \cdot h = 5 \cdot 4 \text{ cm}^2 = 20 \text{ cm}^2$

Vordere Fläche F: $F = l \cdot h = 8 \cdot 4 \text{ cm}^2 = 32 \text{ cm}^2$

Gesamte Oberfläche O: $O = 2 \cdot (40 + 20 + 32) \text{ cm}^3 = 184 \text{ cm}^3$

Wie beim Würfel können wir auch beim Quader ein Netz zeichnen, sodass wir dann die gesamte Oberfläche des Quaders vor uns ausgebreitet haben.

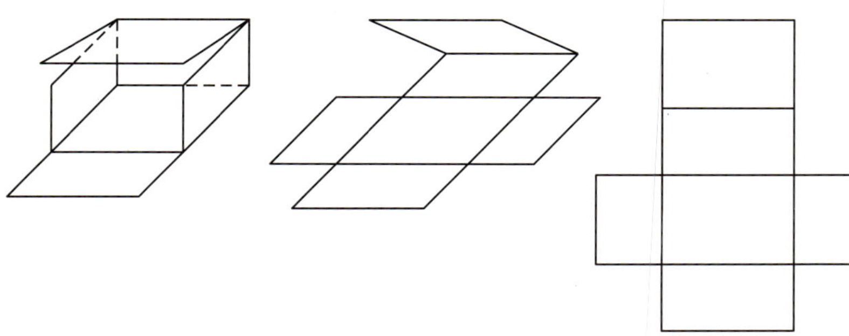

Übung 1

Berechne die gesamte Oberfläche des Quaders!

	Q1	Q2	Q3	Q4
Länge *l*	1 dm 5 cm	1 m 2 dm	8 dm	6 dm 5 mm
Breite *b*	8 cm	5 dm	2 m 5 cm	4 dm
Höhe *h*	4 cm	2 dm	8 mm	2 cm 5 mm
Oberfläche *V*				

Übung 2

Berechne die fehlenden Größen des Quaders!

	Q1	Q2	Q3	Q4
Länge *l*	6 cm	3 dm 4 cm		6 dm 4 cm
Breite *b*	4 dm 3 cm	5 dm 6 cm	1 m 6 dm 6 cm	2 m 5 dm
Höhe *h*	2 cm 5 mm		2 dm 3 cm 5 mm	
Oberfläche *O*				5 m^2 71 dm^2 20cm^2
Volumen *V*		2 dm^3 856 cm^3	780 dm^3 200 cm^3	

Hinweis: Bei Q4 kommst du über geschicktes Probieren zur Lösung.

Übung 3

Bei den folgenden Quadernetzen stimmt etwas nicht. Korrigiere die Fehler!

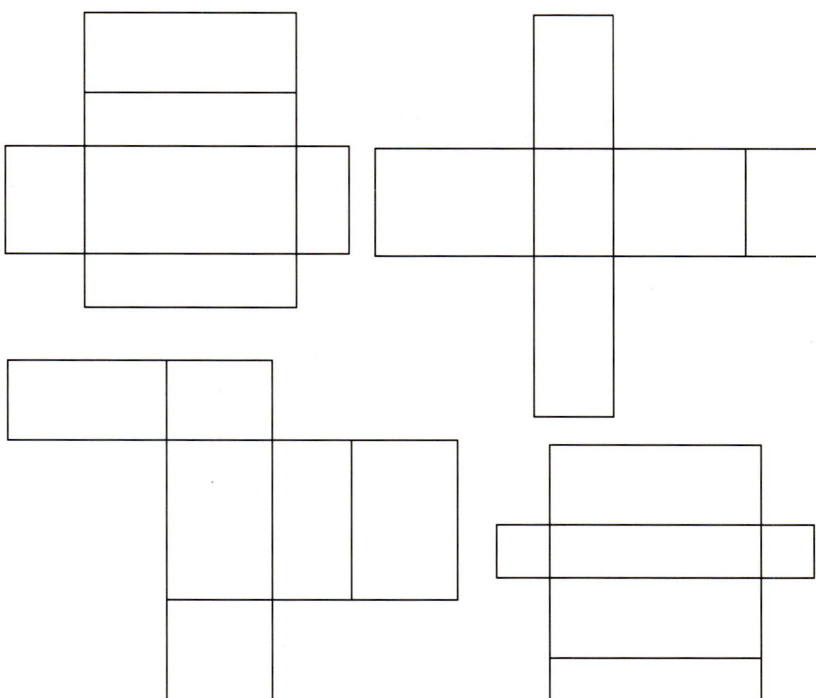

15 Quader (III)

Auch beim Quader gibt es Diagonalen, einmal die der Seitenflächen und dann die vier Raumdiagonalen. Die wahren Längen der Diagonalen können wir über eine genaue Zeichnung, in der wir von den wahren Längen der Quaderkanten ausgehen, ermitteln.
Dazu müssen wir unter Umständen, wenigstens in Gedanken, den Quader aufschneiden.

Beispiel 1

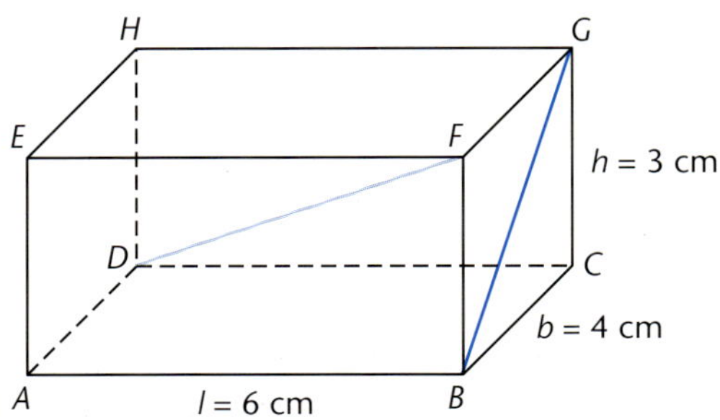

Wir wollen die wahre Länge von [*BG*] wissen, also $\overline{BG}$. Hierzu zeichnen wir $\triangle BCG$ mit $\overline{BC} = 4$ cm, $\overline{CG} = 3$ cm und berücksichtigen, dass in Wirklichkeit [*CG*] im Punkt *C* auf [*BC*] senkrecht steht.

Aus der so gewonnenen Zeichnung (a. d. Z.) können wir ablesen bzw. abmessen: $\overline{BG} \approx 5$ cm.

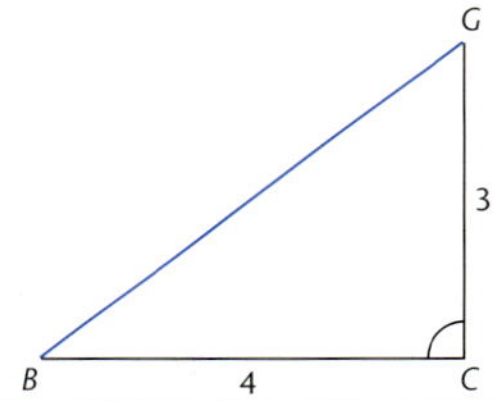

Beispiel 2

Wie lang ist im Quader des Beispiels 1 die Strecke *DF*?

Lösung: [*DF*] kommt im Dreieck *DBF* vor. Für die Zeichnung von $\triangle DBF$ brauchen wir $\overline{DB}$ und $\overline{BF}$. $\overline{DB}$ erhalten wir zunächst über $\triangle ABD$, ähnlich wie im Beispiel 1: [*AB*] senkrecht auf [*AD*] im Punkt *A*.

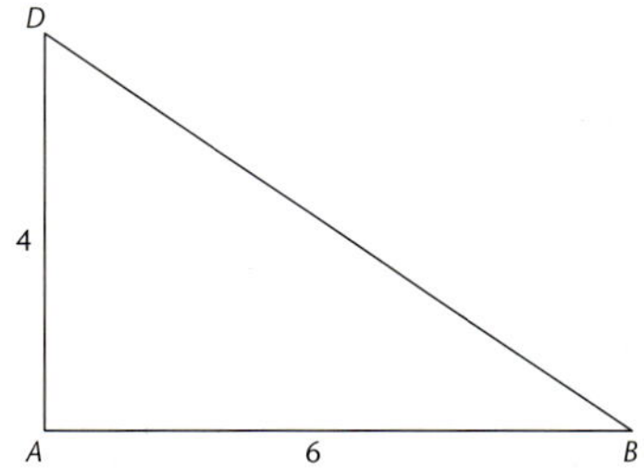

a. d. Z.: $\overline{DB} \approx 7$ cm 2 mm

Wir starten nun mit [*DB*] die Zeichnung von $\triangle DBF$ ([*BF*] senkrecht auf [*DB*] in *B*) und erhalten:

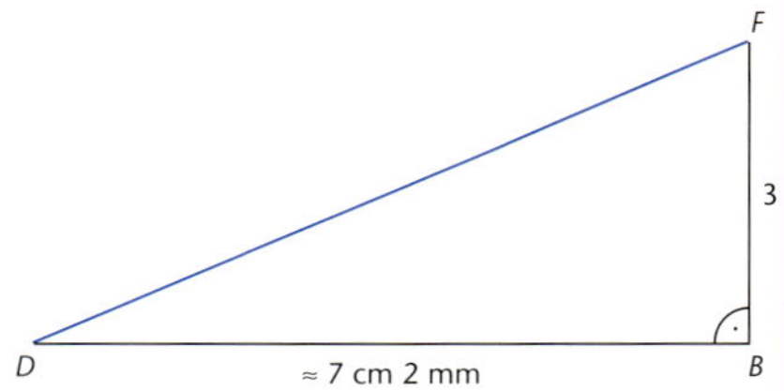

a. d. Z.: $\overline{DF} \approx 7$ cm 8 mm

Übung 1

Ermittle, wie in den Beispielen gezeigt:

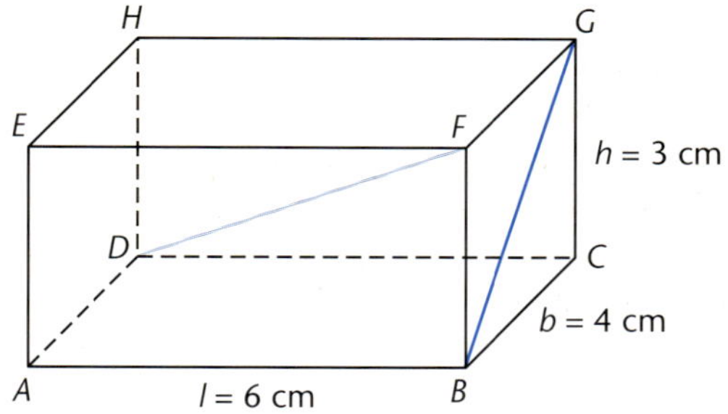

a) $\overline{CF}$ b) $\overline{AH}$ c) $\overline{AF}$

d) $\overline{CE}$ e) $\overline{AG}$

Übung 2

Passen Kurzski der Länge 1 m 4 dm in eine quaderförmige Kiste mit den Innenmaßen 1 m 2 dm / 6 dm / 6 dm?

Übung 3

Zeichne das Rechteck *ABGH* des Beispielquaders in wahrer Größe und überprüfe daran dein Ergebnis aus 1 e).

Übung 4

Wie groß ist die Summe *S* der Längen aller Kanten des Beispielquaders?

Gib diese Summe *S* allgemein an, d. h. unter Verwendung der allgemeinen Bezeichnungen *l*, *b* und *h*.

16 Vermischte Aufgaben (II)

Übung 1

Du siehst eine Konstruktion aus würfelförmigen Bauklötzen, einmal direkt von vorne und einmal direkt von der Seite. Wie viele Klötzchen wurden dafür höchstens verwendet?

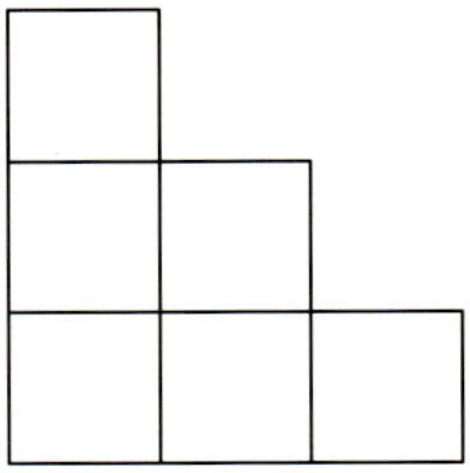

von vorne

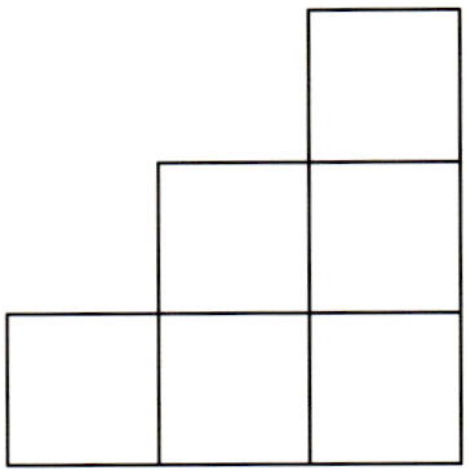

von der Seite

Übung 2

a) Du hast quadratische Fliesen, eine Fliese bildet also für sich schon ein Quadrat, kommen 3 Fliesen in der richtigen Anordnung dazu, ergibt sich wieder ein Quadrat. Wie viele Fliesen musst du jetzt geschickt anlegen, um auf das nächstmögliche Quadrat zu kommen, und so fort …?
Zeichne jeweils dein Anlegen der Fliesen.

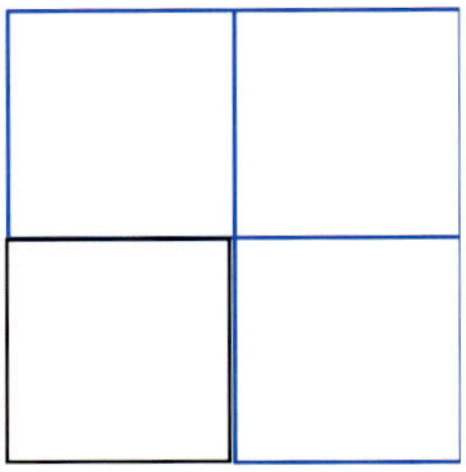

b) Mache dir jetzt mit Würfeln ähnliche Überlegungen wie mit den Fliesen bei a)! Mit einem Spielwürfel allein z. B. besitzt du schon ein würfelförmiges Gebilde. Wie viele gleich große Spielwürfel musst du mindestens anlegen, um wieder auf eine richtige Würfelgestalt zu kommen?
Wie viele Spielwürfel sind dann jeweils hinzuzusetzen, um immer wieder eine wahre Würfelgestalt zu erhalten?

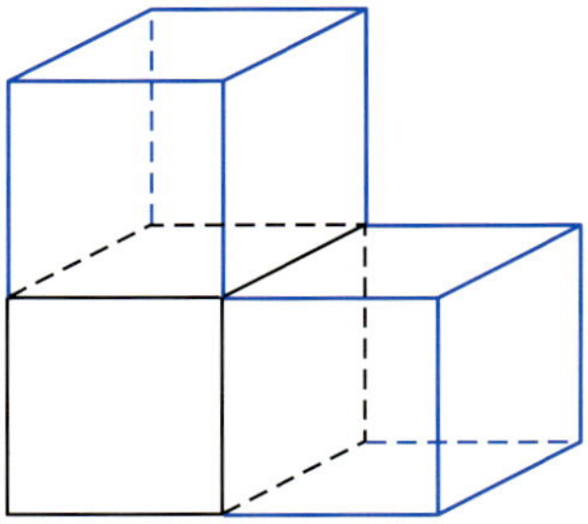

Übung 3

Ein Würfel hat eine Oberfläche von x cm^2 und ein Volumen von ebenso x cm^3, also zufällig die gleiche Maßzahl für Oberfläche und Volumen. Wie lang sind die Würfelkanten?

Übung 4

Wie viele ganze Tafeln Schokolade (Länge 15 cm, Breite 9 cm und Höhe 1 cm) braucht man mindestens, um daraus einen ausgefüllten Würfel zusammenzubauen?

Welche Kantenlänge hat ein solcher Würfel?

Übung 5

In einem offenen quaderförmigen Auffangtrog (2 m lang, 1 m 5 dm breit und 8 dm tief) ist aufgrund starker Regenfälle der Wasserstand um 1 dm 5 cm gestiegen.

a) Um wie viele Liter nahm der Wasservorrat zu?

b) Wie viele Liter fielen auf den Quadratmeter, wenn in den Trog auch das Wasser eines 4 m breiten und 5 m 5 dm langen Garagendaches fließt?

17 Prisma

Aus einem Quader lassen sich Körper vielerlei Gestalt schneiden. Hat ein Körper Rechtecke als Seitenflächen und deckungsgleiche Vielecke als Grund- bzw. Deckfläche, so bezeichnet man ihn als gerades **Prisma**.

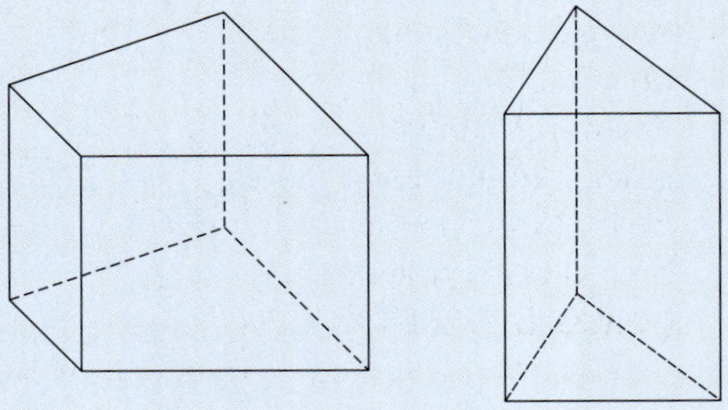

Bei Prismen ist die Berechnung von Rauminhalten meist schwierig, aber wir können Netze zeichnen und Oberflächeninhalte bestimmen.

Beispiel

Wir gehen von einem Quader aus, dessen Maße lauten: $l = 3$ cm, $b = 2$ cm und $h = 4$ cm.

J und *K* sind die Mittelpunkte der Quaderkanten, auf denen sie liegen.
Wir zeichnen ein Netz des Prismas *ABJEFK*. Zunächst brauchen wir $\overline{EK}$ bzw. $\overline{AJ}$.

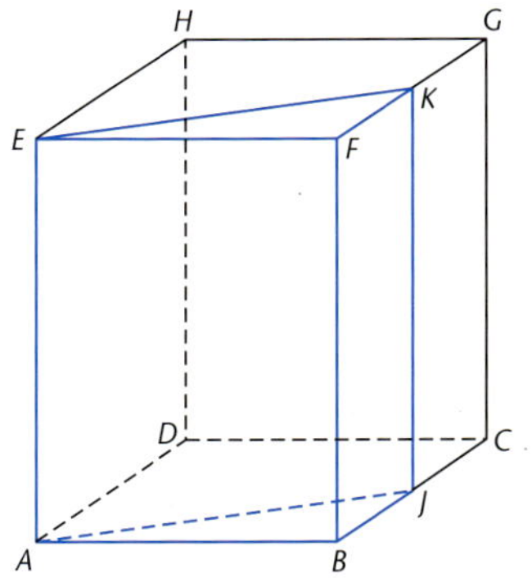

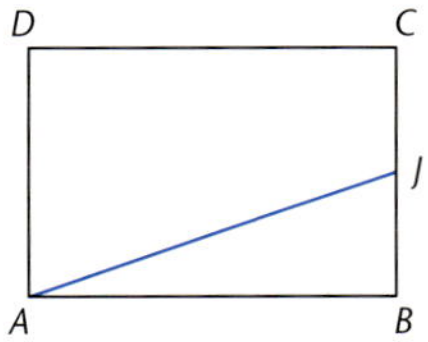

a. d. Z.: $\overline{AJ} \approx$ 3 cm 2 mm und für [*EK*] gilt $\overline{EK} = \overline{AJ}$, weil wir ein gerades Prisma haben.

Ausgehend von $\overline{EK}$ bzw. $\overline{AJ}$ wird nun das gesamte Netz des Prismas weiter aufgebaut, wobei die angegebenen Maße verwendet werden und wir besonders genau auf senkrecht aufeinander stehende Kanten achten müssen.

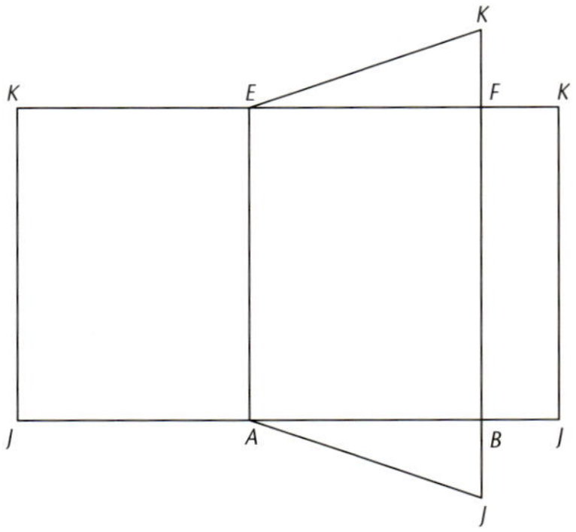

Übung 1

Zeichne das Netz des Prismas *AJCDEKGH*, das so genannte Restprisma aus dem Beispiel.

Übung 2

Zeichne das Netz des nebenstehenden Hauses. Die Maßeinheit ist in Wirklichkeit Meter; du sollst aber in der Zeichnung dafür einen halben Zentimeter (Kästchenbreite) verwenden (Maßstab 1 : 200).

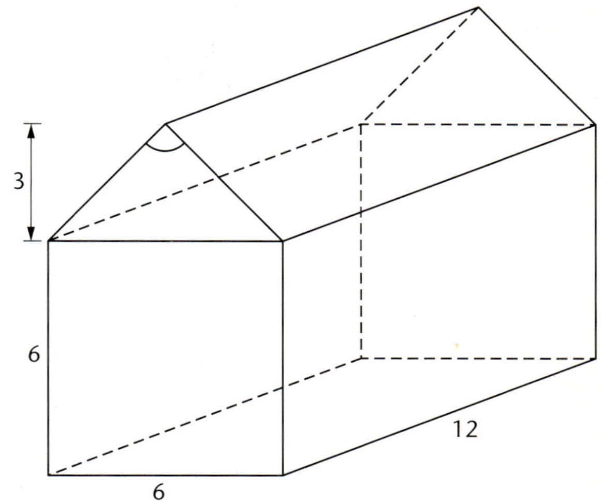

Übung 3

Beim nebenstehendem Prisma sind die Länge der Höhe h und die Länge der Kanten [*AC*] bzw. [*DF*] unbekannt. [*AB*] und [*BC*] stehen aufeinander senkrecht, ebenso gilt dies für [*DE*] und [*EF*]. Die gesamte Oberfläche beträgt 1 dm² 8 cm².

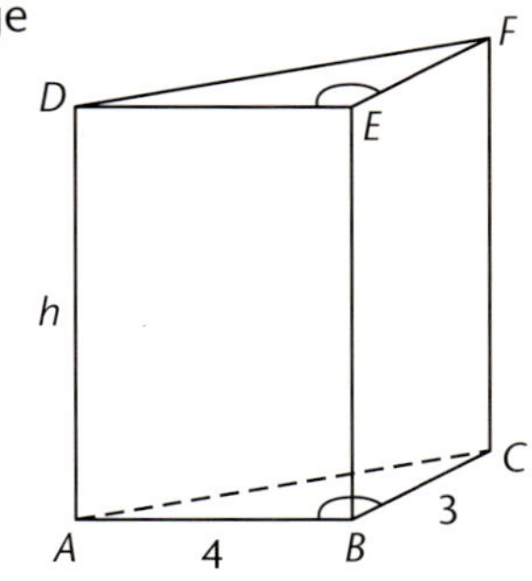

(Maße in cm gegeben)

a) Wie lang ist die Höhe h?

b) Zeichne ein Netz des Prismas!

c) Das Prisma kann man sich entstanden denken aus der Halbierung eines entsprechenden Quaders. Welche Maße hatte dieser Quader?

(i) Länge l des Quaders
(ii) Breite b des Quaders
(iii) Höhe h des Quaders

Wie groß ist dann das Volumen des Prismas?

18 Pyramide

Körper, bei denen Seitenkanten, die von der Grundfläche ausgehen, zu einer Spitze zusammenlaufen, heißen **Pyramiden**. Die Grundflächen selbst können ganz unterschiedlich sein: Dreiecke, Vierecke oder Vielecke, regelmäßig oder unregelmäßig.

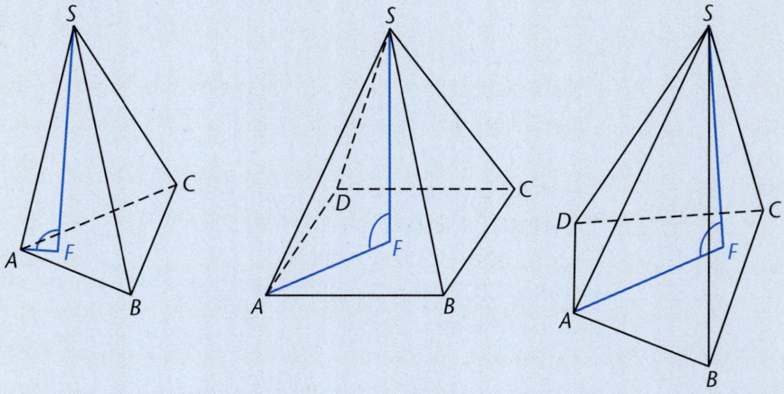

Eine regelmäßige Pyramide erhalten wir, wenn die zusammenlaufenden Seitenkanten gleich lang sind und die Grundfläche ein regelmäßiges Vieleck darstellt.
Unter der Höhe der Pyramide verstehen wir den Abstand der Spitze von der Grundfläche. Bei einer regelmäßigen Pyramide liegt der Fußpunkt der Höhe genau in der Mitte der Grundfläche.

Beispiel 1

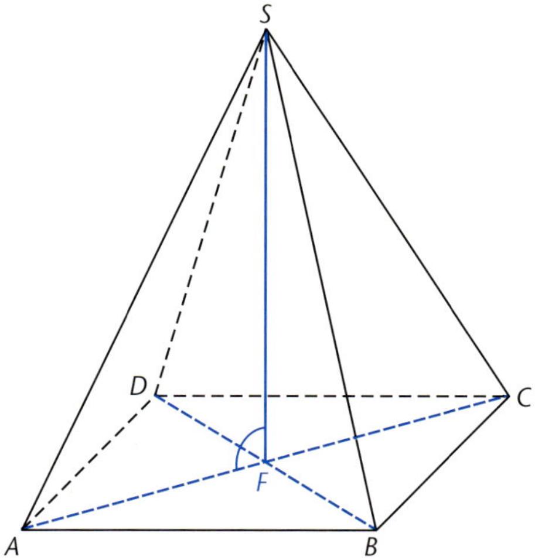

Regelmäßige Pyramide mit einem Quadrat ($a = 4$ cm) als Grundfläche, Höhe 5 cm.
Zunächst zeichnen wir ein Quadrat im Schrägbild. Die Mitte des Quadrats (F) gewinnen wir durch den Schnittpunkt der Diagonalen. Die Spitze S der Pyramide liegt genau 5 cm über F.

Beispiel 2

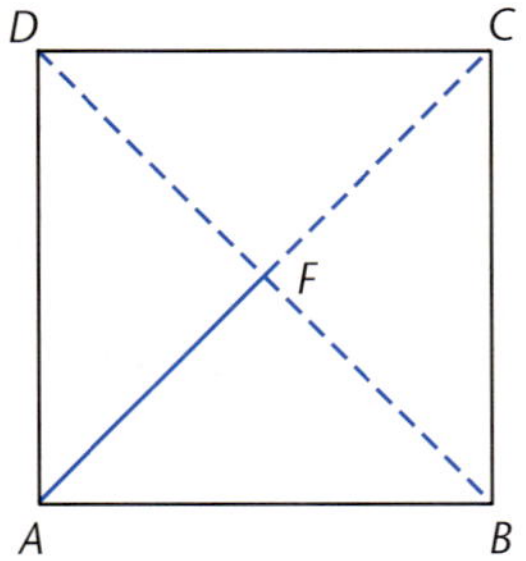

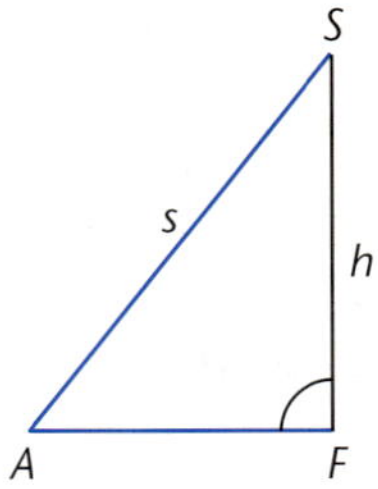

Wir zeichnen das Netz einer regelmäßigen Pyramide mit quadratischer Grundfläche ($a = 3$ cm) und einer Höhe von 2 cm 5 mm. Dazu benötigen wir die Länge s der nach oben strebenden Seitenkanten. Hierzu wählen wir das $\triangle AFS$ aus, das wir in wahrer Größe zeichnen. Dafür wiederum brauchen wir vorher die wahre Größe von $[AF]$.

Tipp

Willst du dir selbst eine (regelmäßige) Pyramide bauen, gehst du auch am besten von einem Netz aus. Denke dabei aber auch an die kleinen überstehenden Streifen, die dir das Zusammenkleben erst möglich machen.

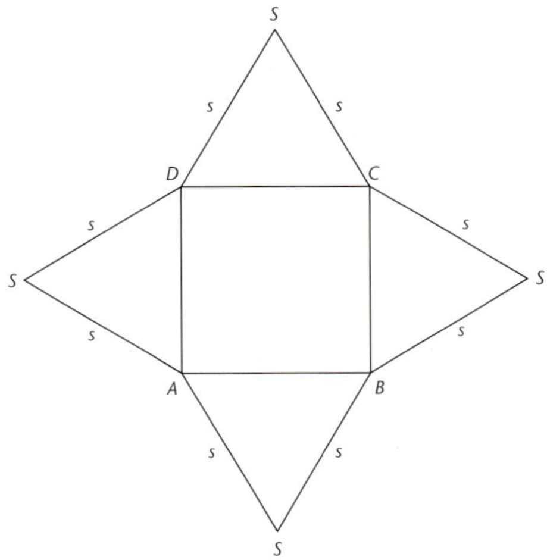

Übung 1

Zeichne das Netz einer regelmäßigen Pyramide mit quadratischer Grundfläche ($a = 2$ cm) und 4 cm langen Seitenkanten.
Ermittle anschließend zeichnerisch die Höhe der Pyramide.

Übung 2

Ermittle zeichnerisch die Entfernung der Spitze S einer regelmäßigen Pyramide ($h = 4$ cm) mit quadratischer Grundfläche ($a = 3$ cm) von der Mitte einer der Grundkanten.

Übung 3

Maxi will eine regelmäßige Pyramide mit einem Quadrat als Grundfläche bauen. Hierfür legt er zwei Quadrate gleicher Größe übereinander und teilt das obere Quadrat in 4 deckungsgleiche Dreiecke auf. Diese sollen seine Seitenflächen werden.
Weshalb bekommt Maxi keine Pyramide zusammen?

19 Kegel und Zylinder

Kegel und Zylinder stellen in gewisser Weise Abwandlungen der Pyramide dar, insbesondere in ihren regelmäßigen Formen, die wir hier betrachten wollen.

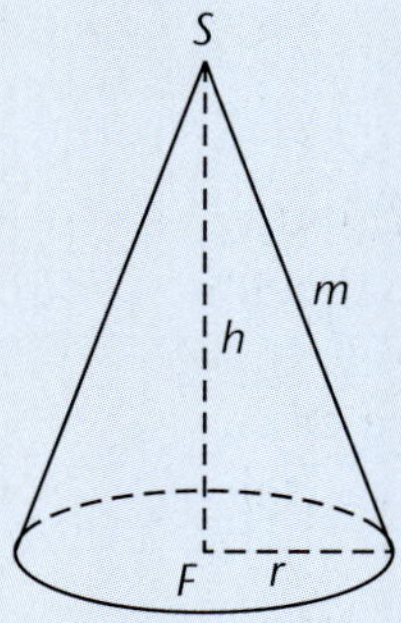

Kegel: Die Grundfläche ist ein Kreis, also ein Vieleck mit unendlich vielen Ecken, geworden. Die Seitenkanten bilden zusammen eine glatte Fläche, den Mantel. Jede Verbindungsstrecke von der Spitze zu einem Punkt des Grundflächenkreises heißt Mantellinie. Alle Mantellinien haben die gleiche Länge. Mantellinie m, Höhe h und Radius r (des Grundflächenkreises) bilden ein Dreieck, in dem gilt: h ist senkrecht auf r.

Schneidet man einen (Kreis-)Kegel längs einer Mantellinie auf, so lässt sich seine Mantelfläche eben ausbreiten. Man erhält einen Ausschnitt eines Kreises mit dem Radius m.
Beim Basteln eines Kegels geht man von einem so ausgebreiteten Mantel aus.

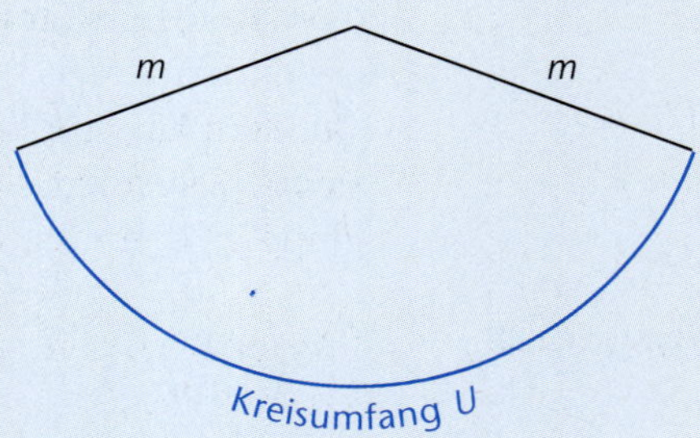

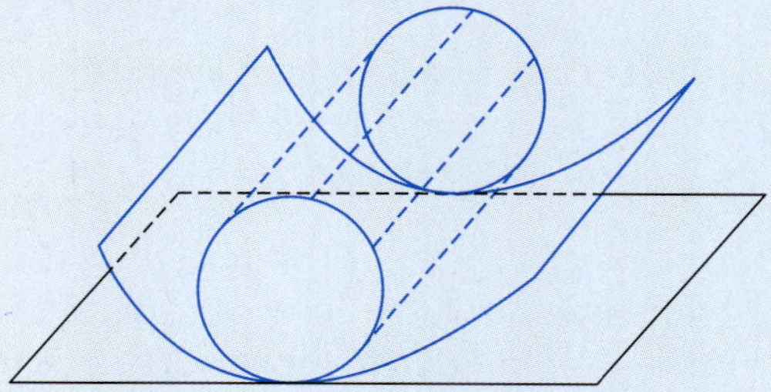

Um einen **Zylinder** zu erhalten, geht man von einem ebenen Rechteck aus und rollt es so, dass sich zwei gegenüberliegende Seiten ganz verbinden.

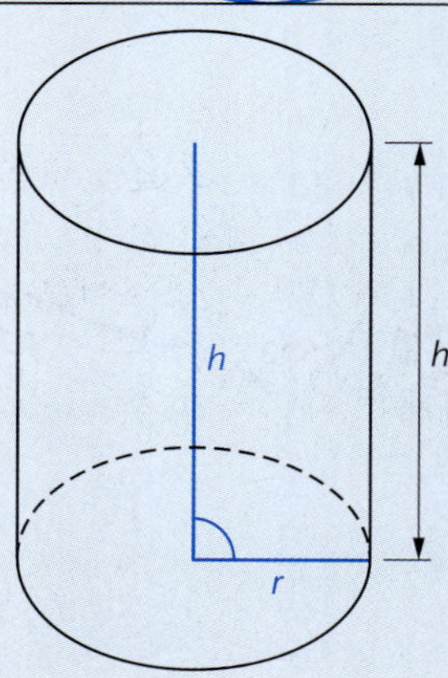

Ein **gerader (Kreis-)Zylinder**, wie unsere regelmäßige Form genauer bezeichnet wird, hat also die Form einer Dose bzw. eines Rohres mit kreisförmigem Durchmesser.

Übung 1

Ermittle zeichnerisch die Länge der Mantellinie eines Kreiskegels, dessen Höhe 4 cm und dessen Grundkreisradius 3 cm beträgt!

Übung 2

Baue zwei Kegel gleicher Mantellinienlänge (5 cm): Kegel 1 ausgehend von einem Viertelkreis, Kegel 2 ausgehend von einem Halbkreis! Welcher Kegel ist der höhere?

Übung 3

Regelmäßige Kegel und Zylinder sind Drehkörper, d. h., man kann sich deren Entstehung durch die volle Drehung (man sagt dazu auch Rotation) einer Figur um eine bestimmte Achse vorstellen.

Skizziere, wie solche Figuren aussehen könnten, die durch Rotation Kreiskegel bzw. Kreiszylinder erzeugen.

Hinweis: Lass zur Hilfe und Entwicklung deiner Fantasie dein Geodreieck um seine längste Seite rotieren!

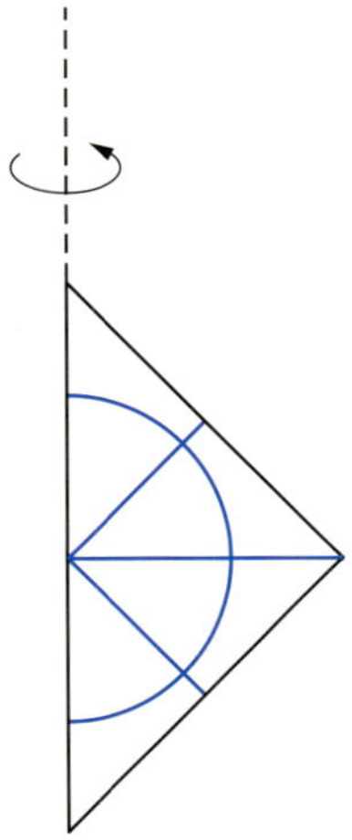

Übung 4

Wie lang darf die Mantellinie eines Kreiskegels sein, der gerade noch in einem Kreiszylinder als Schutz Platz findet ($h = 6$ cm; $r = 3$ cm)?

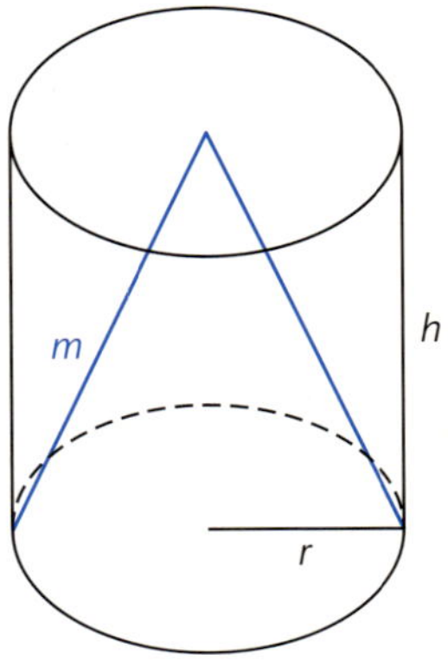

20 Winkel (I)

Ein sehr wichtiges Mittel bei der Beschreibung von Figuren stellt der **Winkel** dar.

Ein Winkel wird gebildet aus zwei Halbgeraden, die von einem gemeinsamen Punkt ausgehen. *S* heißt **Scheitel**; *g* und *h* heißen **Schenkel**; zwischen *g* und *h* eingeschlossen ist das innere Winkelfeld.

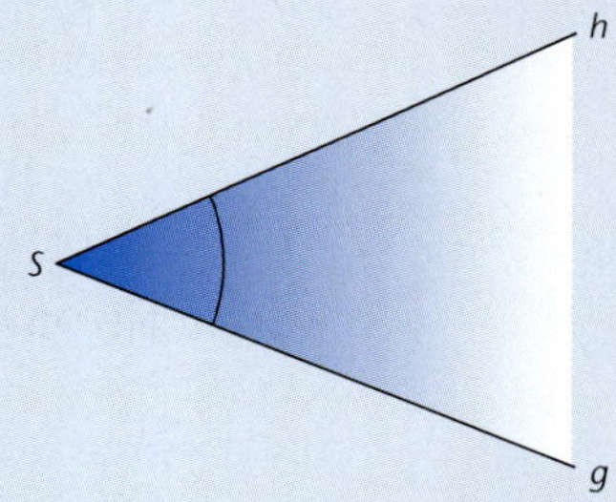

Winkelbezeichnungen:

a)

∡ (*g*, *h*)

1. Schenkel 2. Schenkel

Vereinbarung: Bei ∡ (*g*, *h*) ist derjenige Winkel gemeint, dessen (inneres) Winkelfeld überstrichen wird, wenn man *g* (den 1. Schenkel) gegen den Uhrzeigersinn so lange dreht, bis man *h* (den 2. Schenkel) erreicht hat.

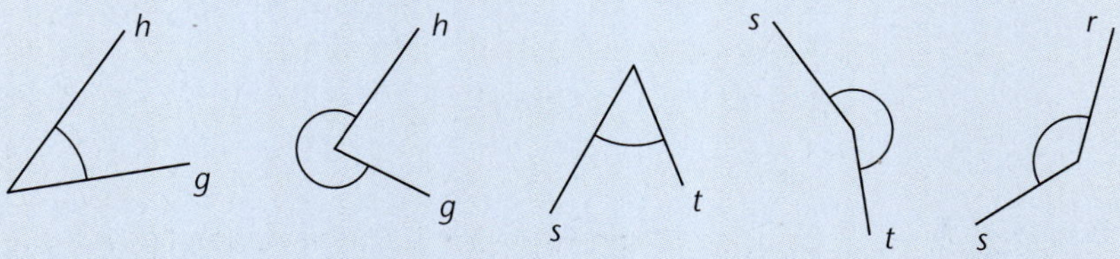

∡ (*g*, *h*) ∡ (*h*, *g*) ∡ (*s*, *t*) ∡ (*t*, *s*) ∡ (*r*, *s*)

b) Schließen zwei mit ihren Endpunkten bezeichnete Strecken, z. B. [*SA*] und [*SB*], einen Winkel ein, so schreibt man häufig dafür: ∡ *ASB*. *S* ist gemeinsamer Endpunkt der beiden Strecken.

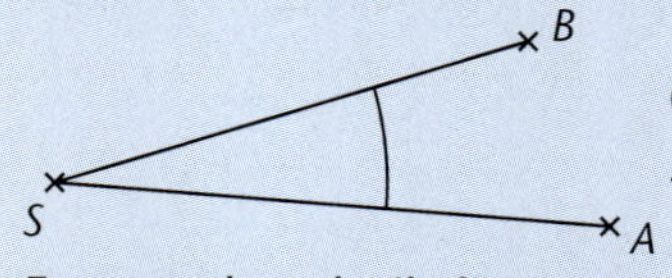

(*A* liegt auf dem 1. Schenkel, *B* auf dem 2. Schenkel, *S* ist der Scheitel.)

Entsprechend gilt für ∡ *BSA*: *B* liegt auf dem 1. Schenkel, der um *S* gegen den Uhrzeigersinn in den 2. Schenkel, auf dem *A* liegt, gedreht werden muss, wenn das (innere) Winkelfeld von ∡ *BSA* überstrichen werden soll.

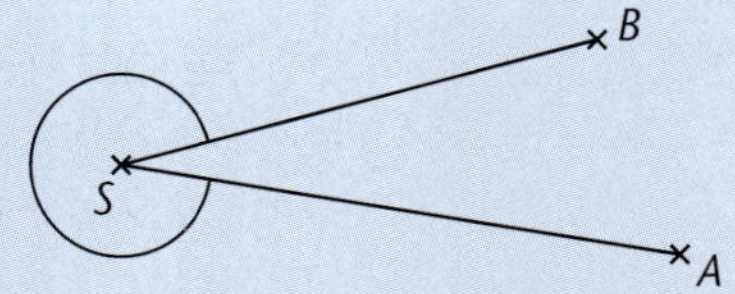

Übung 1

Bezeichne korrekt die eingezeichneten Winkel im Dreieck *ABC*.

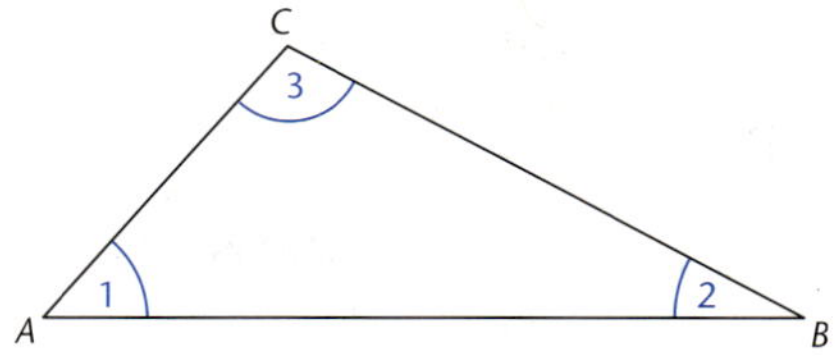

Übung 2

Bezeichne korrekt die am Dreieck *ABC* eingezeichneten Winkel.

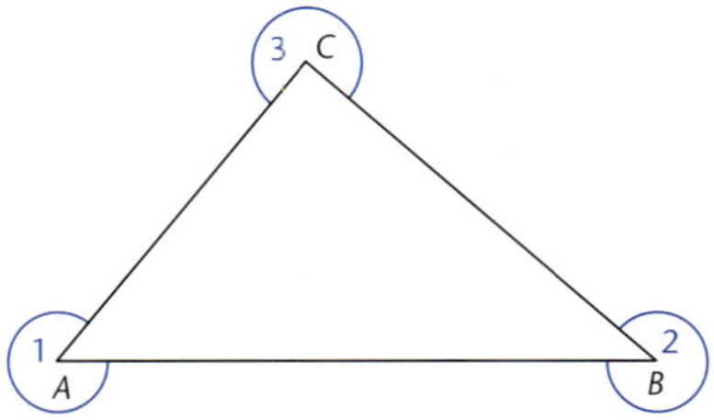

Übung 3

Die Figur zeigt ein schiefes Fünfeck.
Welcher der eingezeichneten Winkel scheint der größte, welcher der kleinste zu sein?

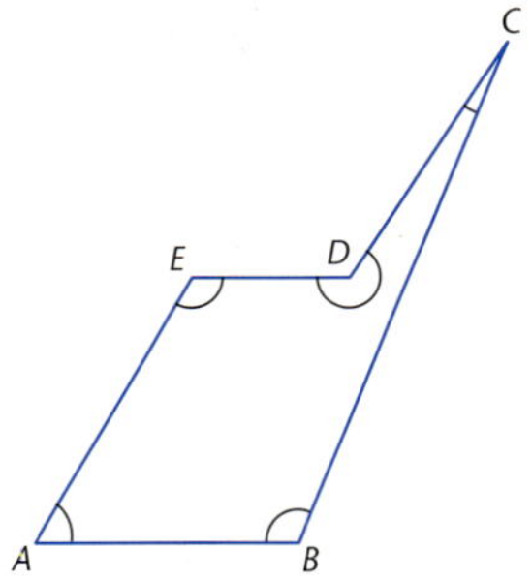

Übung 4

Zeichne in die Figur mit verschiedenen Farben die folgenden Winkel ein:

(1) $\sphericalangle (g, h)$
(2) $\sphericalangle (i, h)$
(3) $\sphericalangle (k, g)$
(4) $\sphericalangle (i, g)$

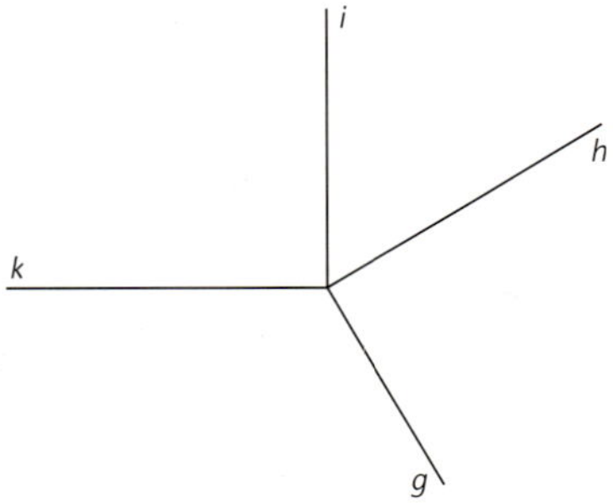

Übung 5

Nenne alle Winkel, die du innerhalb der Figur entdeckst, und markiere sie farbig.

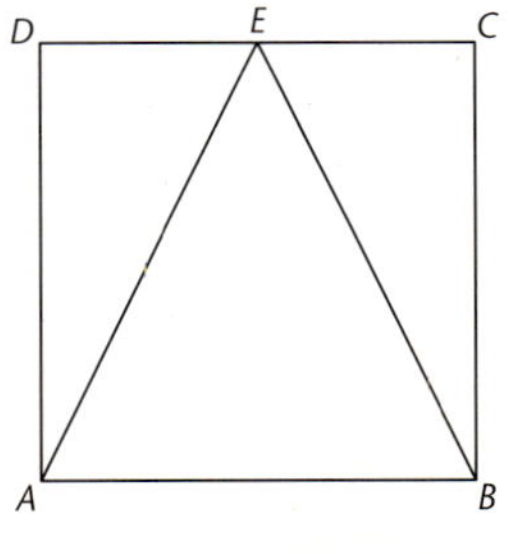

21 Winkel (II)

Du weißt sicher schon, wie man Winkel misst, und hast auch gesehen, wie vorteilhaft dabei dein Geodreieck einzusetzen ist.

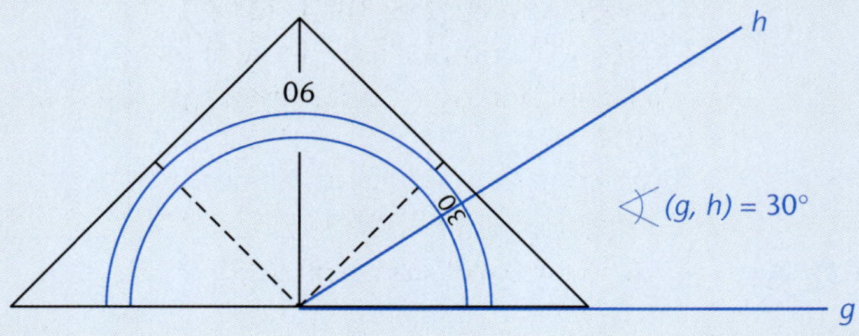

Für Winkelgrößen verwendet man häufig kleine griechische Buchstaben α (Alpha), β (Beta), γ (Gamma), δ (Delta), … Gemessen wird in Grad (°), wobei ein **Vollwinkel**, also ein ganzer Kreis, 360° misst; ein **gestreckter Winkel**, also einem Halbkreis entsprechend, misst 180° und ein so genannter **rechter Winkel**, bei dem die Schenkel aufeinander senkrecht stehen, misst 90°.

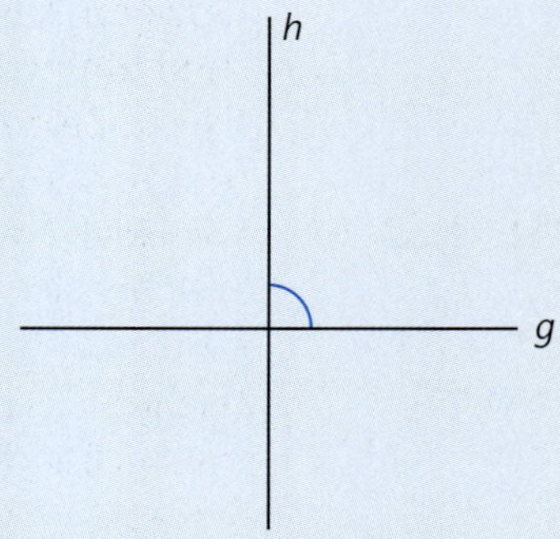

Weitere Unterteilung: Für genaue Messungen reicht eine Angabe in Winkelgrad nicht aus, obwohl es sich bei 1° schon um einen sehr kleinen Winkel handelt.

1° wird eingeteilt in 60 Winkelminuten : 1° = 60′
1′ wird eingeteilt in 60 Winkelsekunden: 1′ = 60″

damit: **1° = 3600″**.

Winkel an der Uhr

Der große Zeiger einer Uhr dreht sich in einer Stunde (1 h) einmal um sich selbst, also überstreicht er einen Winkel von 360°. (Damit entspricht 1 Minute: 360° : 60 = 6°.) Der kleine Zeiger braucht hierfür 12 Stunden, also bewegt sich dieser in einer Stunde nur um den 12. Teil eines Vollwinkels, damit um 30°, weiter.
Betrachten wir die Winkel, die großer und kleiner Zeiger zu verschiedenen Zeiten an einer Uhr miteinander einschließen.

Beispiel 1

8.30 Uhr (kleinerer Winkel)

Der kleine Zeiger steht zweieinhalb Stundenfelder weiter als der große Zeiger, also liegt er 30° + 30° + 15° = 75° vorne. Der kleinere Winkel zwischen den Zeigern beträgt also 75°.

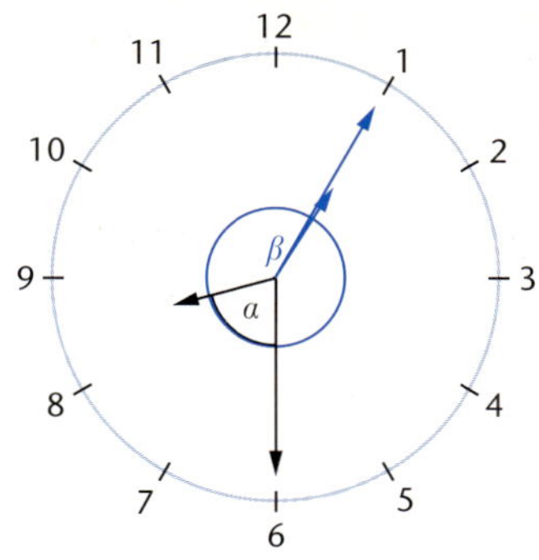

Beispiel 2

1.05 Uhr (größerer Winkel)

Der kleine Zeiger ist innerhalb der letzten 5 Minuten genau um den jetzigen, kleineren Winkel zwischen den Zeigern vorgerückt, das sind fünfmal ein halbes Grad, denn in jeder Minute wandert der kleine Zeiger ein halbes Grad weiter (in 60 Zeitminuten 30 Winkelgrad). Somit beträgt der kleinere Winkel 2,5°. Der gesuchte größere Winkel ist die Ergänzung zum Vollwinkel, also 360° – 2,5° = 357,5°.

Übung 1

Zeichne $\triangle ABC$ mit $A(2|1)$, $B(6|4)$ und $C(5|6)$ und bestimme anschließend folgende Winkelgrößen:
a) $\sphericalangle ABC$ b) $\sphericalangle BCA$ b) $\sphericalangle CAB$

Übung 2

Zeichne in ein Rechteck $ABCD$ mit $\overline{AB} = 6$ cm und $\overline{BC} = 4$ cm die Diagonale AC und bestimme die Größen der Winkel, die diese Diagonale mit den Rechteckseiten bildet.
Was fällt dir auf?

Übung 3

Conny schneidet eine runde Torte in vier gleiche Teile.
a) Wie groß ist der Winkel an der Spitze eines solchen Teils?
b) Wie viele 30°-Stücke bringt man aus einer halben Torte heraus?
c) Welches Stück ist größer, ein 18tel einer Dreivierteltorte oder ein 6tel einer Vierteltorte ?

Übung 4

Bestimme den kleineren Winkel, den die beiden Zeiger einer Uhr um
a) 9.15 Uhr b) 6.04 Uhr c) 8.43 Uhr
miteinander einschließen.

22 Vermischte Aufgaben (III)

Übung 1

(zu Kapitel 17)
Ein Stück Glas hat die Form eines dreiseitigen Prismas, mit einer gleichschenkligen, rechtwinkligen Stirnfläche.

a) Zeichne ein Netz des Prismas.
b) Berechne die Oberfläche *O* des Prismas
(Tipp: Fehlende Maße sind aus a) zu ersehen)
c) Berechne das Volumen des Prismas
(Tipp: Stelle dir zwei dieser Prismen geschickt zusammengestellt vor.)

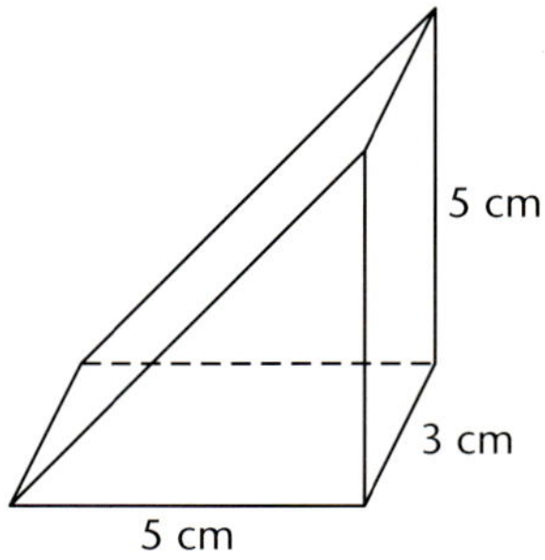

Übung 2

(zu Kapitel 18)
Eine Eistüte hat die Form einer Pyramide mit quadratischem Grundriss ($a = 4$ cm). Die Höhen der Seitenflächen, d. h. die Entfernungen von den Mitten der Grundkanten zur Spitze, betragen 12 cm.

a) Wie groß ist die Außenfläche *A* der Eistüte?
b) Ermittle zeichnerisch die Länge *s* der Seitenkanten!

Übung 3

(zu Kapitel 19)
In einem Garten wurde ein kreiskegelförmiges Loch gebohrt. Wie tief ist es, wenn der obere Durchmesser einen Meter beträgt und die kürzeste Entfernung zwischen einem Punkt des Kreises an der Oberfläche und dem tiefsten Punkt des Loches immer zwei Meter misst?

Übung 4

(zu Kapitel 19)
Teleskop-Antennen bestehen aus ineinander verschiebbaren, hohlen Zylinderstücken mit verschiedenen Durchmessern, d.h. aus ineinander steckenden Rohrstücken. Welche Ausziehlänge lässt sich bei einer Antenne höchstens erreichen, wenn die Rohrstücke 15 cm lang sind, die Dicke der Rohrwand jeweils einen halben Millimeter beträgt und das äußerste Rohrstück einen Außendurchmesser von 6 mm aufweist?

Übung 5

(zu Kapitel 18 und 19)
Welcher Raumkörper ist höher, eine Pyramide mit quadratischer Grundfläche ($a = 3$ cm) und einer Seitenkantenlänge von 8 cm oder ein Kreiskegel ($r = 4$ cm) mit einer Mantellinie von 7 cm? (Zeichnerische Lösung!)

Übung 6

(zu Kapitel 20)
Das rechtwinklige Dreieck *FPS* erzeuge durch Rotation einen Kreiskegel.

a) Bezeichne korrekt die im Rotationsdreieck liegenden Winkel!
b) Zeichne in wahrer Größe das Dreieck *FPS* und ermittle so die wahre Größe der Winkel aus a).

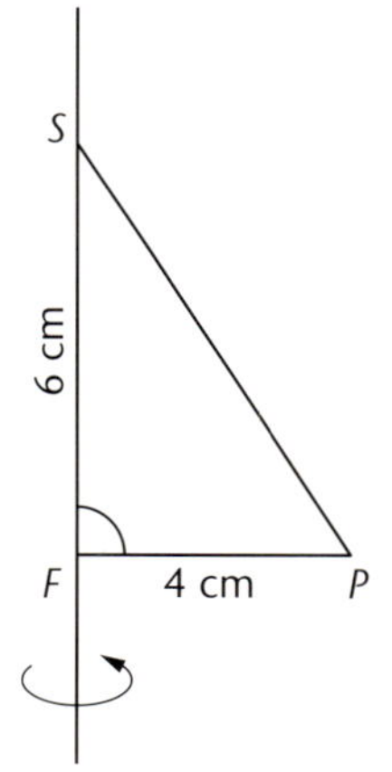

Übung 7

(zu Kapitel 21)
Um 12.00 Uhr stehen die beiden Zeiger einer Uhr genau übereinander.
a) Wie oft geschieht dies nochmals in den nächsten 12 Stunden?
b) Gib für die nächsten zwei Male möglichst genau die Zeit an, wo die Zeiger übereinander stehen werden.
(Hinweis: Eine exakte Zeit kannst du nicht angeben, du musst dich ihr probierend nähern.)

23 Superaufgaben

Übung 1

(zu Kapitel 2)
Schatzsuche:
„Gehe vom Ausgangspunkt (0|0) zunächst 5 Schritte nach Osten, dann 3 Schritte nach Norden, dann 2 nach Westen und einen Schritt nach Süden. Wiederhole diese Schrittfolge noch drei Mal, dann liegt der Schatz unter dir."
Wo soll also der Schatz liegen, wenn unter Schritt eine Einheit auf der Koordinatenachse gemeint ist und das Koordinatensystem mit der *y*-Achse nach Norden ausgerichtet ist?
Der Schatz wird später unter (6|4) gefunden. Wie erklärst du dir das?

Übung 2

(zu Kapitel 5 und 6)
Verschiedene rechteckförmige Grundstücke haben die gleiche Fläche von 900 Quadratmetern. Die eine Seite liegt immer zwischen 20 und 30 Metern Länge.

a) In welchem Bereich bewegt sich die andere Seite?
b) Zwischen welchen Werten bewegen sich die Umfänge der Grundstücke?

Übung 3

(zu Kapitel 5 und 6)
Du erhältst bei dreimaligem Falten eines rechteckigen Papierstreifens zunächst zweimal ein Rechteck (kein Quadrat!) und dann ein Quadrat der Seitenlänge 4 cm.

a) Welche Maße hatte der Ausgangsstreifen, wenn du immer in der Mitte des jeweiligen Rechtecks gefaltet hast?
b) Welche Maße hatte der Streifen, wenn sich auch schon nach der ersten Faltung ein Quadrat ergeben hat?

Übung 4

(zu Kapitel 6)
a) Welchen Flächeninhalt hat ein Rechteck mit 3 cm Länge und 1 cm Breite?
b) Verdopple nun zugleich Länge und Breite des Rechtecks unter a). Wie verändert sich hierbei der Flächeninhalt?
c) Verdreifache nun Länge und Breite des Rechtecks von a). Wie verändert sich jetzt der zugehörige Flächeninhalt?
d) Gib die entsprechenden Antworten bei einer Vervierfachung, Verfünffachung, ...!

Übung 5

(zu Kapitel 6)
Ein Rechteck ist dreimal so lang wie breit. Der Flächeninhalt beträgt 432 Quadratzentimeter. Wie groß ist sein Umfang?

Übung 6

(zu Kapitel 6)
Du sollst auf einer quadratischen Fläche von 6 m auf 6 m eine Holzbodenverlegung planen. Hierfür stehen dir zwei Sorten von Brettern zur Verfügung: Bretter von 1 m 80 cm auf 60 cm und solche von 1 m 20 cm auf 60 cm.

a) Zeichne in ein Quadrat, dessen längere Seite 10 cm misst, eine mögliche Verlegung (1 cm der Zeichnung entspricht 60 cm in Wirklichkeit).
b) Überlege dir nun auch andere Möglichkeiten der Verlegung. Es gibt noch viele, einige davon zeigen auch noch schöne Muster. Viel Spaß!

Übung 7

(zu Kapitel 7 und 17)
Du sollst ein prismenförmiges Tortenstück (Grundfläche ist ein Dreieck) möglichst gerecht in zwei Hälften zerlegen. Gib dafür mindestens drei verschiedene Möglichkeiten an (Höhe des Dreiecks: 15 cm, Grundlinie des Dreiecks: 8 cm).

Übung 8

(zu Kapitel 13 und 14)
Quader 1 besitze folgende Maße: Länge 6 cm, Breite 4 cm und Höhe 5 cm.

a) Wie hoch muss Quader 2 (Länge 5 cm und Breite 3 cm) sein, um den gleichen Rauminhalt wie Quader 1 zu haben?
b) Wie hoch muss Quader 2 sein, um die gleiche Oberfläche wie Quader 1 zu haben?

Übung 9

(zu Kapitel 12 und 18)
Wenn du die Mitten benachbarter Seitenflächen eines Würfels ($a = 4$ cm) miteinander verbindest, erhältst du eine Doppelpyramide.

a) Zeichne die Doppelpyramide.
b) Wie lang ist eine Seitenkante dieser Doppelpyramide? (Zeichnerische Lösung!).
c) Welche Oberfläche hat die Doppelpyramide?
(Tipp: Zeichne zunächst ein Seitendreieck!)

Übung 10

(zu Kapitel 19 und 21)
Du hast gerade Kreiskegel gleicher Höhe ($h = 5$ cm) und verschiedener Radien (r zwischen 3 cm und 6 cm). In welchem Bereich schwanken die Winkel an den Kegelspitzen, also die Winkel zwischen Höhe und Mantellinie?

Mathe 5./6. Klasse

Werner Janka

Geometrie

Lösungsteil
(an der Perforation heraustrennen)

Nach dem Heraustrennen bitte hier klammern

Mentor Übungsbuch 906

Mentor Verlag München

1. Grundbegriffe und Vereinbarungen Strecke, Punkt

Übung 1

b) Man erhält 10 verschiedene Strecken.

c) (i) $\overline{AB} = 25$ mm; (ii) $\overline{AC} = 40$ mm; (iii) $\overline{AD} = 95$ mm; (iv) $\overline{AE} = 47$ mm;
(v) $\overline{BC} = 30$ mm; (vi) $\overline{BD} = 76$ mm; (vii) $\overline{BE} = 30$ mm;
(viii) $\overline{CD} = 56$ mm; (ix) $\overline{CE} = 11$ mm; (x) $\overline{DE} = 47$ mm

d) $\overline{CE} < \overline{AB} < \overline{BC} = \overline{BE} < \overline{AC} < \overline{AE} = \overline{DE} < \overline{CD} < \overline{BD} < \overline{AD}$

e) (i) f; (ii) w; (iii) f; (iv) f; (v) w; (vi) f.

Übung 2

a)

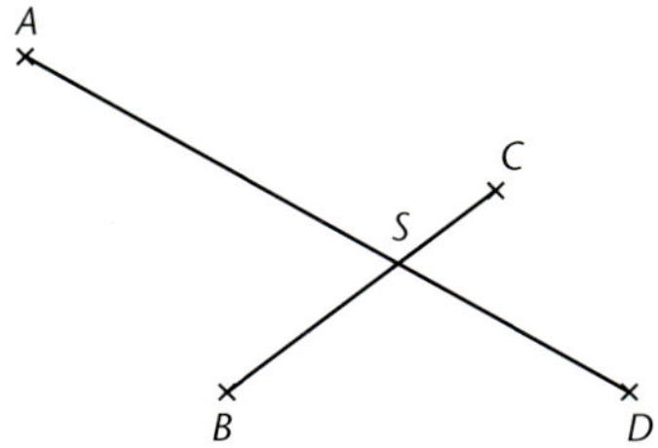

b)

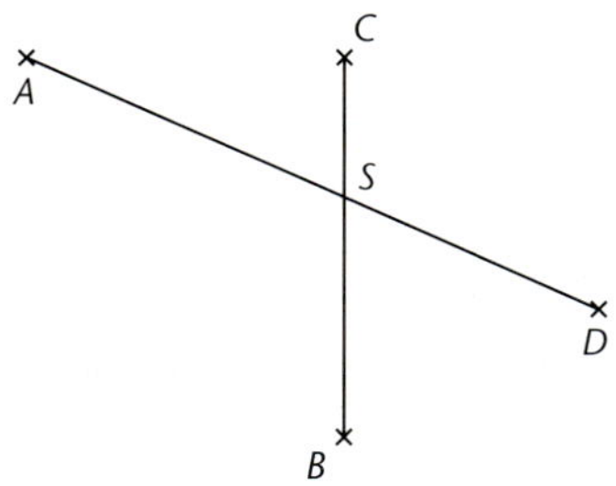

2. Gitternetz und Koordinaten

Übung 1

Punkte auf der *x*-Achse: 0 als Hochwert (Ordinate)

Punkte auf der *y*-Achse: 0 als Rechtswert (Abszisse)

Übung 2

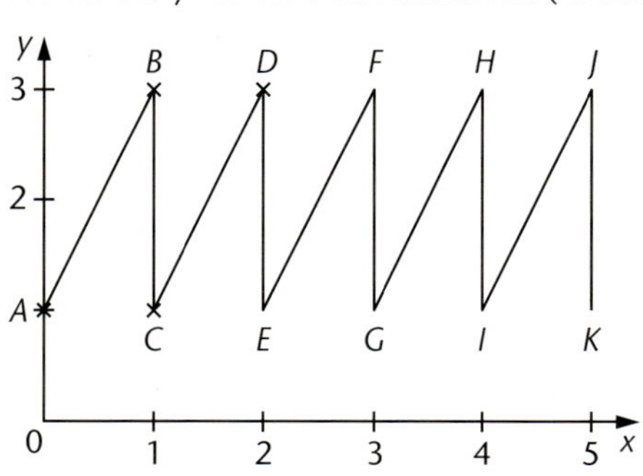

$E(2|1)$; $F(3|3)$; $G(3|1)$;
$H(4|3)$; $I(4|1)$; $J(5|3)$; $K(5|1)$

Übung 3

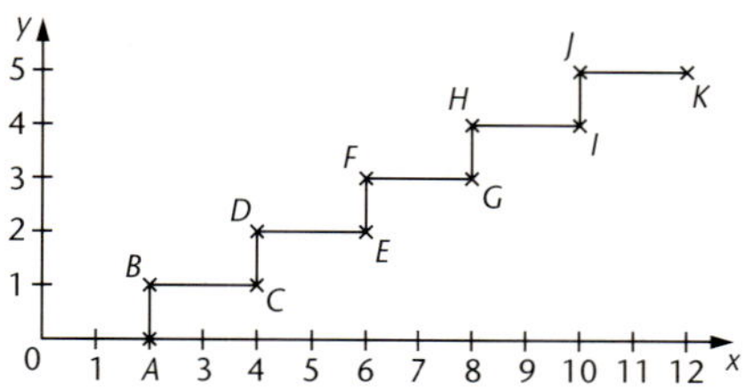

$F(6|3)$; $G(8|3)$; $H(8|4)$; $I(10|4)$; $J(10|5)$; $K(12|5)$

Übung 4

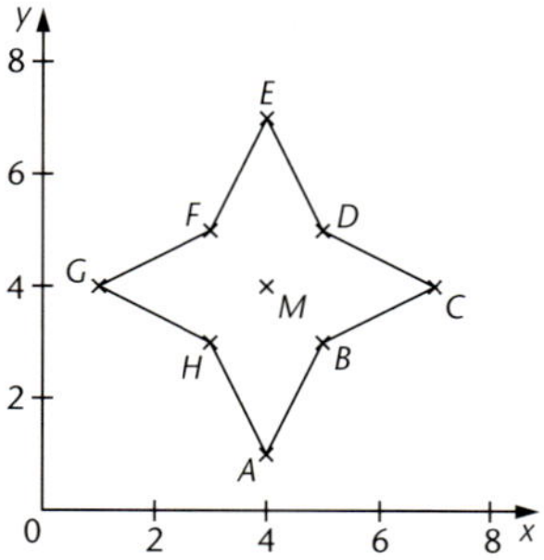

$E(4|7)$; $F(3|5)$; $G(1|4)$; $H(3|3)$ und $M(4|4)$

Übung 5

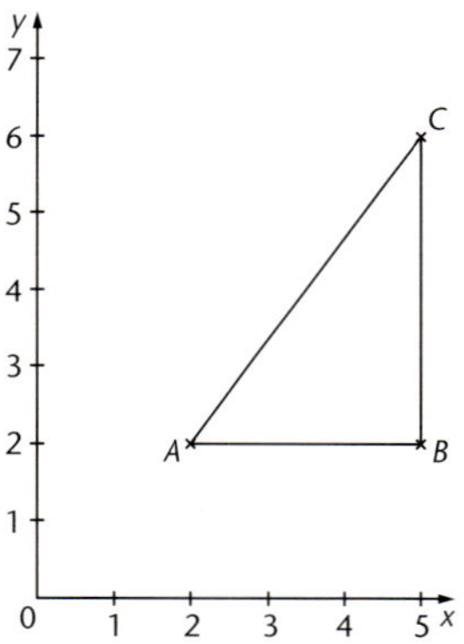

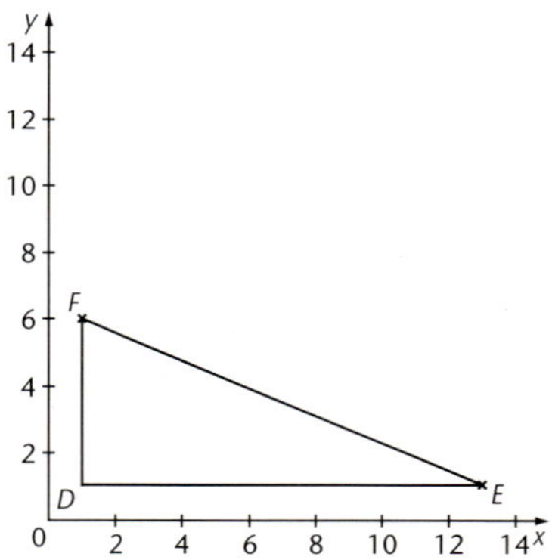

a) (i) $\overline{AB} = 3$ cm; (ii) $\overline{BC} = 4$ cm; (iii) $\overline{AC} = 5$ cm

b) (i) $\overline{DE} = 5$ cm; (ii) $\overline{EF} = 12$ cm; (iii) $\overline{DF} = 13$ cm

Übung 6

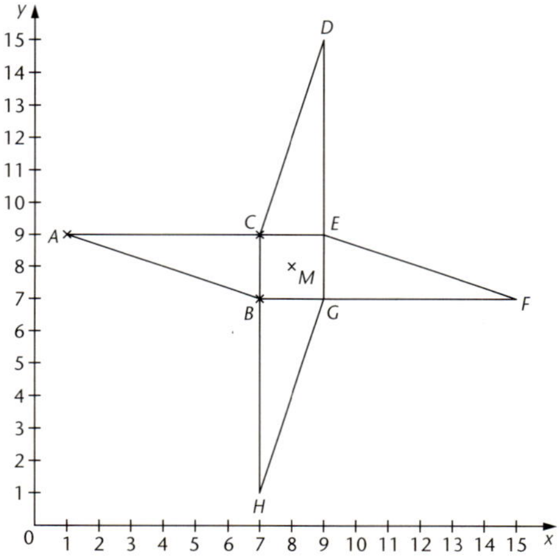

$D(9|15)$; $E(9|9)$; $F(15|7)$; $G(9|7)$; $H(7|1)$

3. Halbgerade, Gerade

10 : 13

Übung 1 Alle Punkte liegen auf einer Parallelen zur *x*-Achse im Abstand 3 Einheiten.

Übung 2 Alle Punkte liegen auf einer Parallelen zur *y*-Achse im Abstand 2 Einheiten.

Übung 3 Alle Punkte liegen auf einer Halbgeraden, die von (0 | 0) ausgeht und deren Punkte jeweils den gleichen Abstand von den beiden Achsen haben.

Übung 4 Schnittpunkt liegt in (7 | 3).

Übung 5/6

5

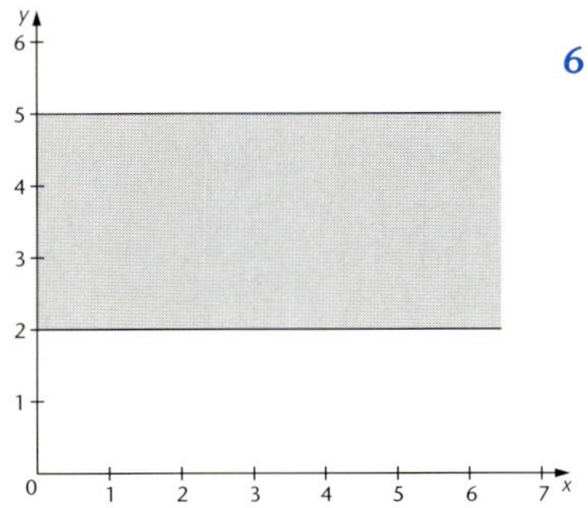

6

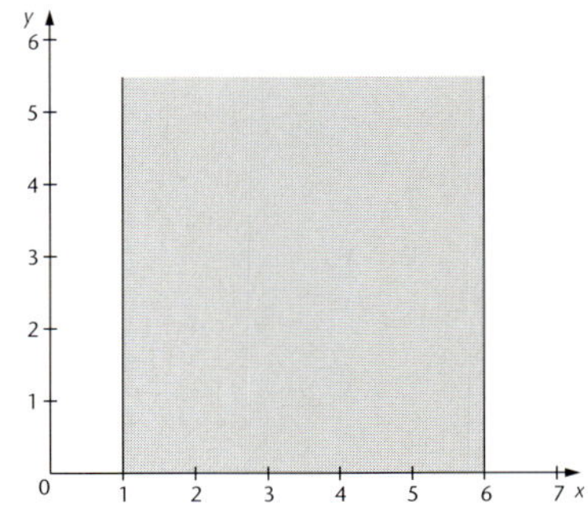

Übung 7/8

7

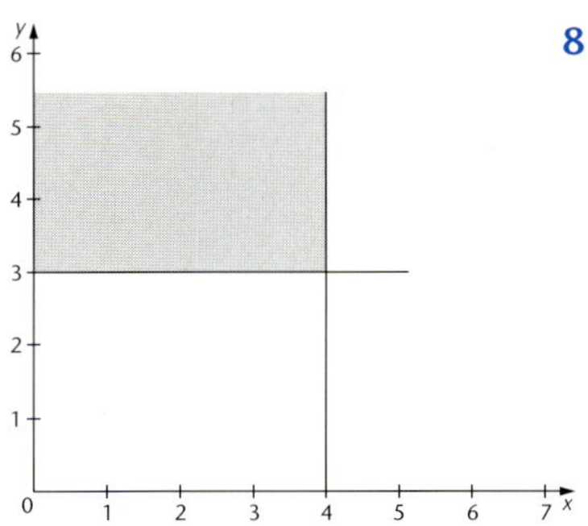

8 b) $\overline{AC} = 40$ mm; $\overline{BC} = 45$ mm

c) Die Punkte *P* liegen rechts von *B*, über 45 mm von *B* entfernt.

d) $S(\approx 3 \mid \approx 2)$

Übung 9 b) Es gibt 10 verschiedene Gerade.

c) Vom ersten Punkt ausgehend lassen sich 4 verschiedene Gerade zeichnen, vom zweiten Punkt aus 3 weitere, dann noch 2 weitere und am Schluss noch eine.

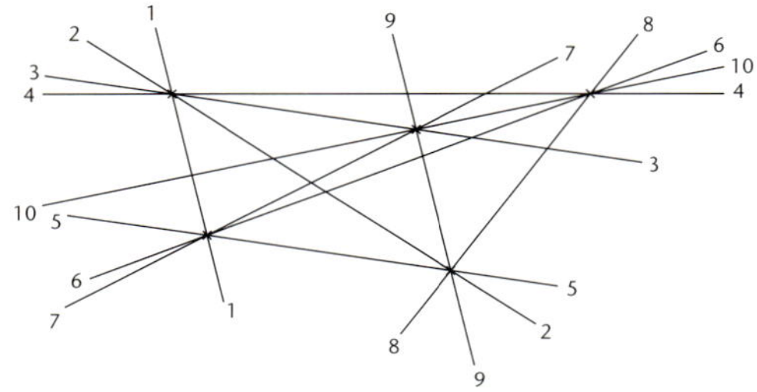

4. Lagebeziehungen

Übung 1

a)

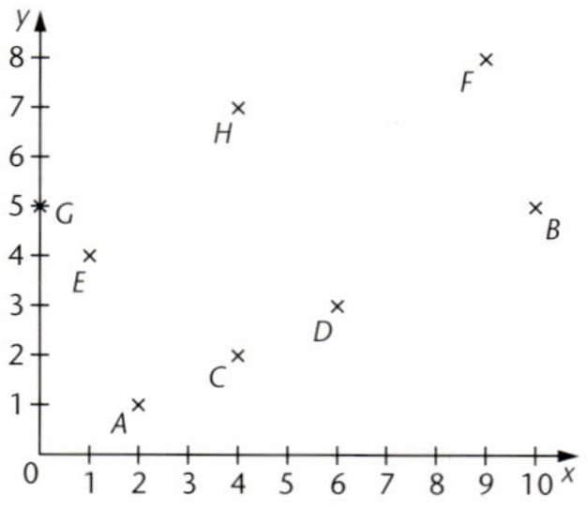

b)

$AB \parallel EF$	w	$AE \parallel BF$	w
$[AB] \parallel [EF]$	w	$AG \parallel BF$	f
$[AB] \parallel [CD]$	w	$AG \perp GH$	w
$[AB] \parallel CD$	w	$AB \perp BF$	f
$GH \parallel EF$	w	$\overline{AD} = \overline{DB}$	w
$\overline{GH} = \overline{AD}$	w	$[AB] \not\in [CD]$	w

Übung 2

a) $PQ \parallel AB$; $PQ \perp AP$; $PQ \perp BQ$; $PQ \parallel [AB]$

b) $\overline{PQ} = \overline{AB}$

c) $[PQ] \parallel [AB]$; $[PQ] \parallel AB$

Übung 3

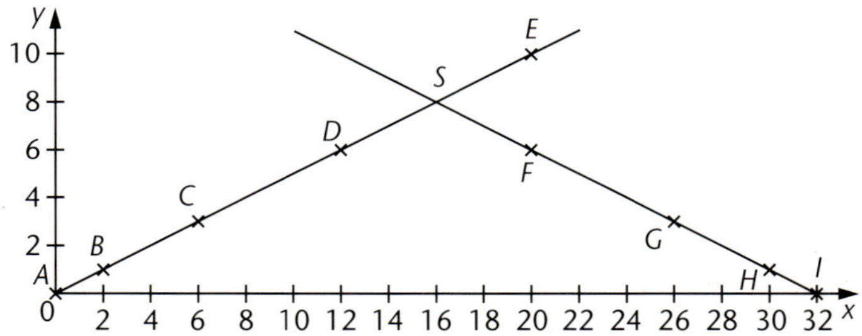

a. d. Z.: $S\,(16 \mid 8)$.

15 19

5. Quadrat

Übung 1

a) 9 cm^2
b) 36 cm^2
c) 25 dm^2
d) 20 dm^2 25 cm^2
e) 144 km^2
f) 1444 m^2 = 14 a 44 m^2
g) 29 dm^2 16 cm^2
h) 163 m^2 84 dm^2
i) 49 m^2 70 dm^2 25 cm^2

Übung 2

a) 7 cm
b) 9 cm
c) 13 km
d) 15 dm = 1 m 5 dm
e) 100 m
f) 30 cm = 3 dm
g) 5 m 5 dm
h) 1 m 5 cm
i) 2 dm 6 mm

Übung 3

	Q1	Q2	Q3	Q4	Q5	Q6	Q7	Q8
Seitenlängen	13 cm	11 km	13 cm	12 m	1 m 3 dm	9 km	6 cm	9 m
Flächeninhalt	1 dm^2 69 cm^2	121 km^2	1 dm^2 69 cm^2	144 m^2 (1 a 44 m^2)	1 m^2 69 dm^2	81 km^2	36 cm^2	81 m^2

Q7 < Q1 = Q3 < Q5 < Q8 < Q4 < Q6 < Q2

6. Rechteck

Übung 1

a) 30 cm^2
b) 160 cm^2 = 1 dm^2 60 cm^2
c) 300 mm^2 = 3 cm^2
d) 3000 mm^2 = 30 cm^2
e) 66 dm^2 66 cm^2
f) 157 m^2 50 dm^2

Übung 2

a) 4 cm
b) 20 cm = 2 dm
c) 75 dm = 7 m 5 dm
d) 1 km 802 m
e) 20 km
f) 5 mm

Übung 3

	R1	R2	R3	R4	R5	R6
Seitenlängen	2 dm	1 m 50 cm	3 dm	1 cm 2 mm	4 cm	2 cm 8 mm
	3 cm	3 dm	2 cm	3 dm	2 m	8 dm
Flächeninhalt	60 cm^2	45 dm^2	60 cm^2	36 cm^2	8 dm^2	2 dm^2 24 cm^2

R4 < R1 = R3 < R6 < R5 < R2

Übung 4 a) $D(4|4)$ b) $H(10|2)$ c) $L(8|10)$

Übung 5 Die Gesamtfläche beträgt 15 m², die weiße Fläche: 7 m² 50 dm²; da 5 m breit, folgt für die Höhe des weißen Streifens 1 m 5 dm. Der weiße Streifen in der Mitte ist 1 m 5 dm hoch, die äußeren, roten Streifen sind dann je halb so hoch, also 7 dm 5 cm.

7. Dreieck

Übung 1 a)

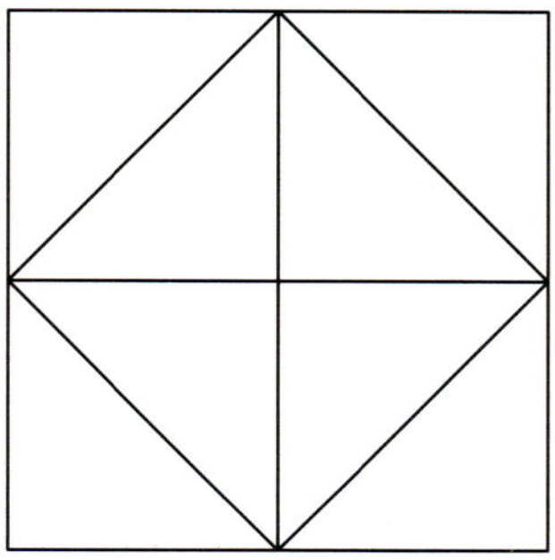

b) Es gibt 12 Dreiecke.

Übung 2 Der Flächeninhalt hat sich verdoppelt, denn jedes aufgesetzte Dreieck ist genauso groß wie ein Viertel des ursprünglichen Quadrats. Vier Viertel macht wieder ein Ganzes.

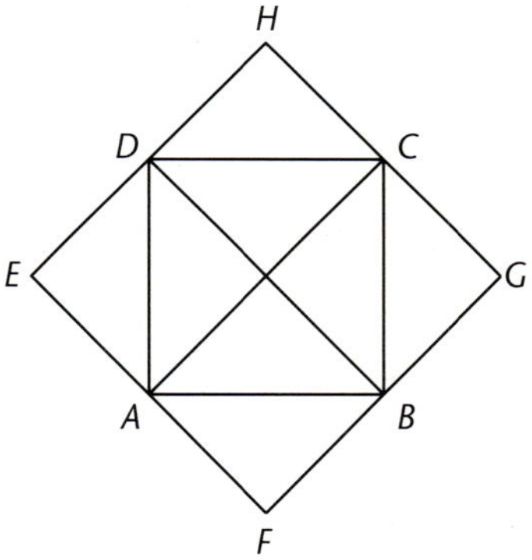

Übung 3
a) $\triangle AED$; $\triangle ABD$; $\triangle EBD$; $\triangle BFD$; $\triangle BCD$; $\triangle FCD$
b) $\triangle AED$ und $\triangle FCD$; $\triangle EBD$ und $\triangle BFD$; $\triangle ABD$ und $\triangle BCD$
c) Zusammen nehmen die beiden Dreiecke genau die Hälfte des Quadrats ein, da sie beide den gleichen Flächeninhalt haben (gleiche Höhe und gleich lange Grundlinie); sie teilen sich wiederum diese Hälfte genau gleich auf, also misst jedes Dreieck ein Viertel der Quadratfläche.

8. Kreis

Seiten 20 : 21

Übung 1

a)

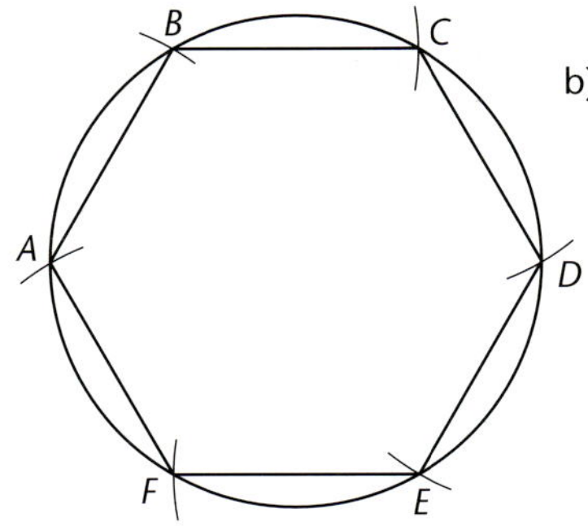

b) Die Figur hat genau sechs Ecken.

Übung 2

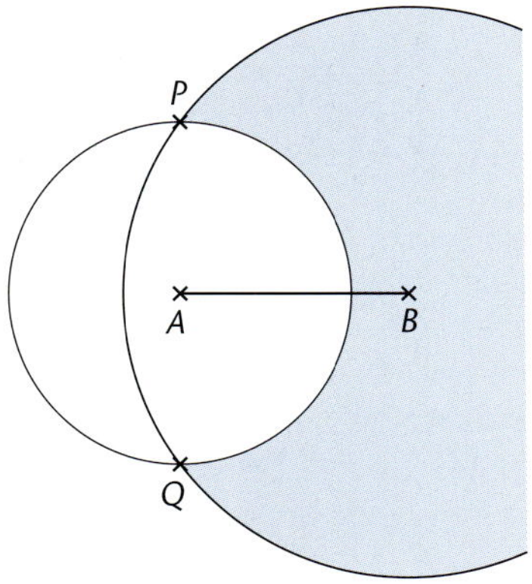

Übung 3

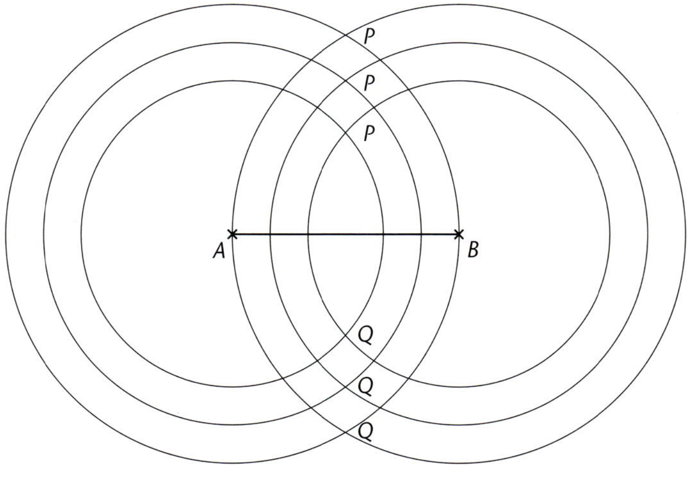

c) Die Punkte P und Q liegen auf einer Geraden, die senkrecht zu g (A, B) und genau durch die Mitte von $[AB]$ verläuft.

Übung 4

a)
b)

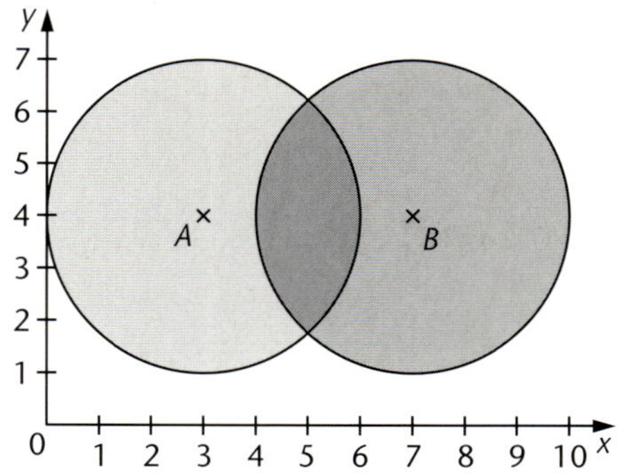

y
7
6
5
4
3
2
1
0
1 2 3 4 5 6 7 8 9 10
x
A
B

c)

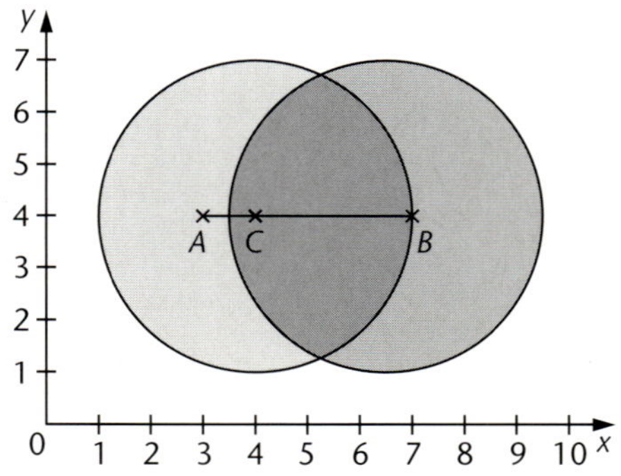

y
7
6
5
4
3
2
1
0
1 2 3 4 5 6 7 8 9 10
x
A
C
B

d)

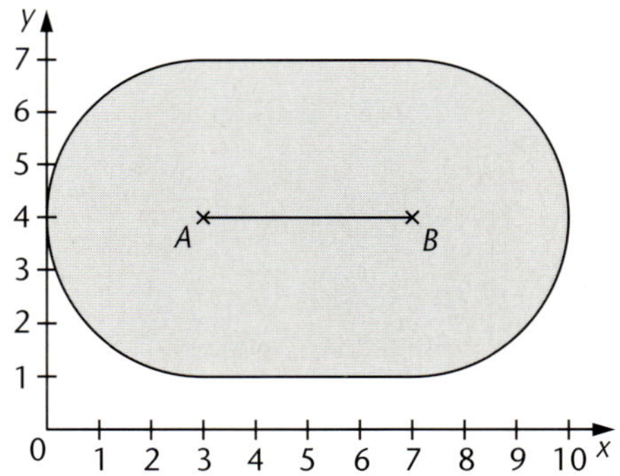

y
7
6
5
4
3
2
1
0
1 2 3 4 5 6 7 8 9 10
x
A
B

9. Vermischte Aufgaben (I)

Übung 1

	Q1	Q2	Q3	Q4
Seitenlänge	1 dm 4 cm	1 dm 2 cm	6 m 4 cm	2 dm 5 cm
Flächeninhalt	1 dm^2 96 cm^2	1 dm^2 44 cm^2	36 m^2 48 dm^2 16 cm^2	6 dm^2 25 cm^2

	Q5	Q6	Q7	Q8
Seitenlänge	3 m 4 cm	10 km 356 m	6 cm 1 mm	2 km 345 m 6 dm
Flächeninhalt	9 m^2 24 dm^2 16 cm^2	107 km^2 24 ha 67 a 36 m^2	37 cm^2 21 mm^2	5 km^2 50 ha 18 a 39 m^2 36 dm^2

Q7 < Q2 < Q1 < Q4 < Q5 < Q3 < Q8 < Q6

Übung 2

a) $C(6|5)$, $D(2|5)$
Der Flächeninhalt von *ABCD* beträgt:
16 Flächeneinheiten.

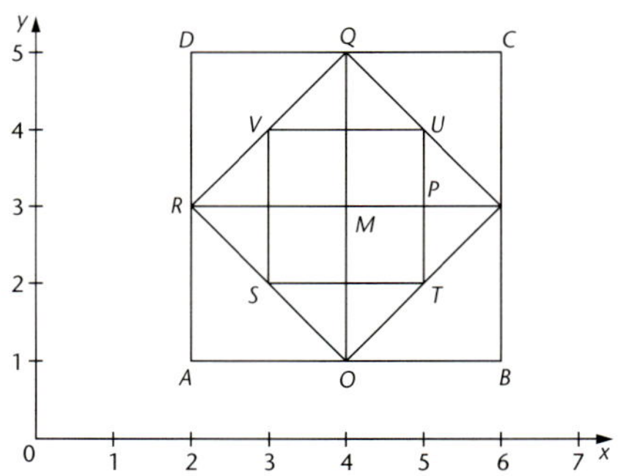

b) Von einem Viertel des Quadrats wird jeweils die Hälfte zum neuen Quadrat *OPQR* dazugeschlagen.

c) $S(3|2)$, $T(5|2)$, $U(5|4)$, $V(3|4)$
Der Flächeninhalt *A* des Quadrats *STUV* beträgt:
4 Flächeneinheiten.

Übung 3

Gesamtfläche: 625 m^2 = 62500 dm^2
Beckenfläche: $125 \cdot 125$ dm^2 = 15625 dm^2

Inhalt der restlichen Rasenfläche:
62500 dm^2 – 15625 dm^2 = 46875 dm^2 =
= 468 m^2 75 dm^2

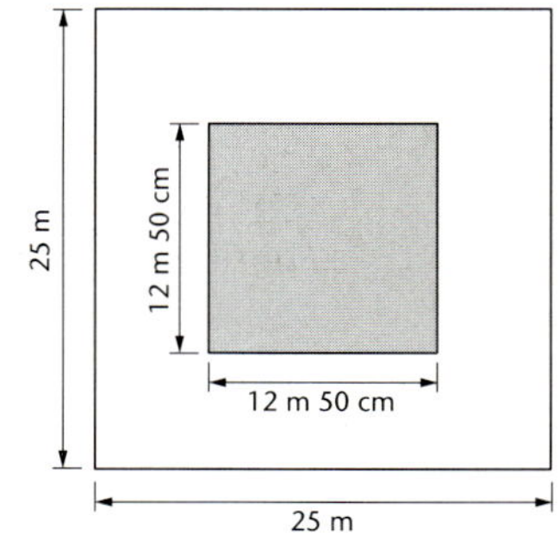

Übung 4

a) Man erhält aus den Halbierungspunkten wieder ein Quadrat.

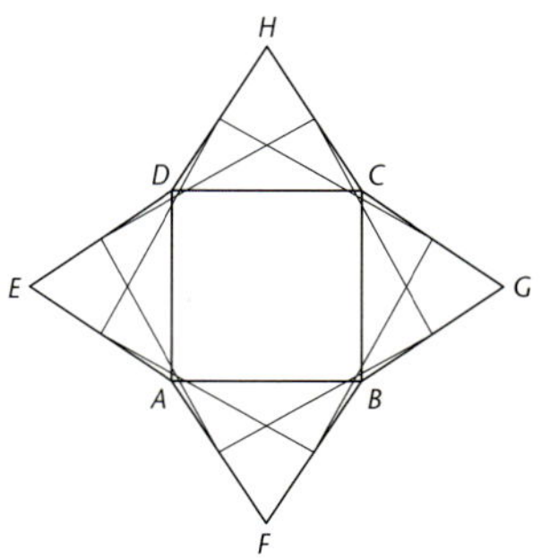

Übung 5

a) 20 Dreiecke und 3 Quadrate
b) 4 Dreiecke passen in ein Quadrat.
c) Es kommen 4 (8 bzw. 12) Dreiecke hinzu.

10. Würfel (I)

Übung 1

a) Der Punkt *F* wechselt ebenso von vorne nach hinten und umgekehrt.
b) Man sieht den Würfel mehr von unten.
c) [*DF* kommt entgegen, falls *D* hinten und *F* vorne liegen.

Übung 2

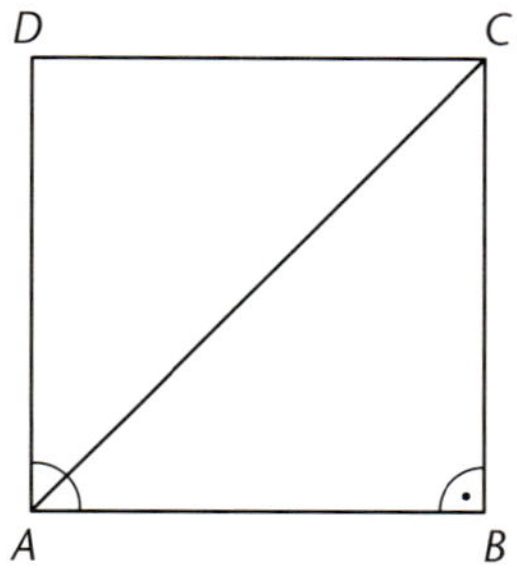

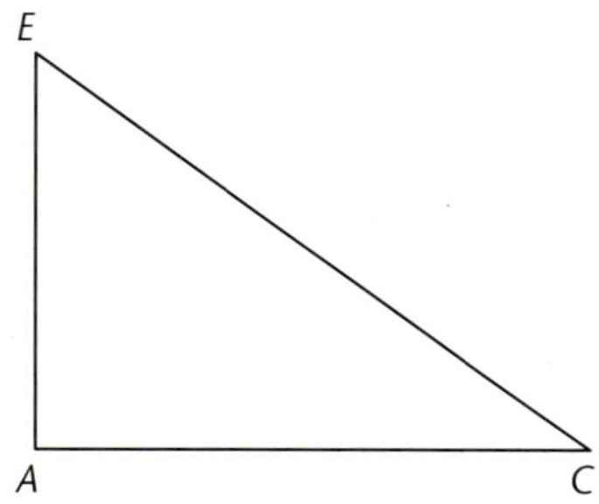

a. d. Z.: $\overline{EC} \approx 5$ cm 2 mm

Übung 3

a)

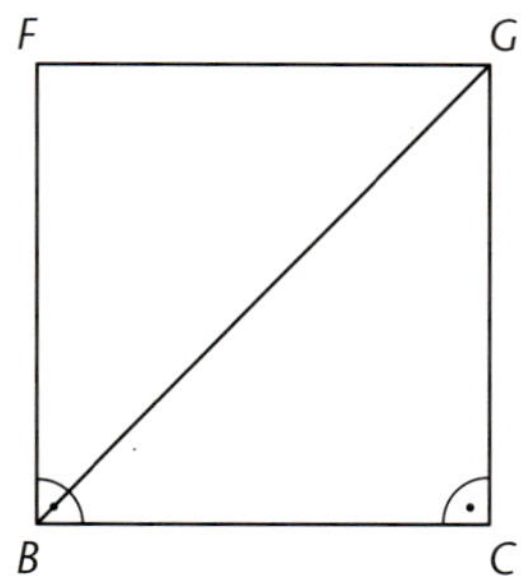

da gilt: $\overline{BG} = \overline{AH}$ und $\overline{AB} = \overline{HG}$

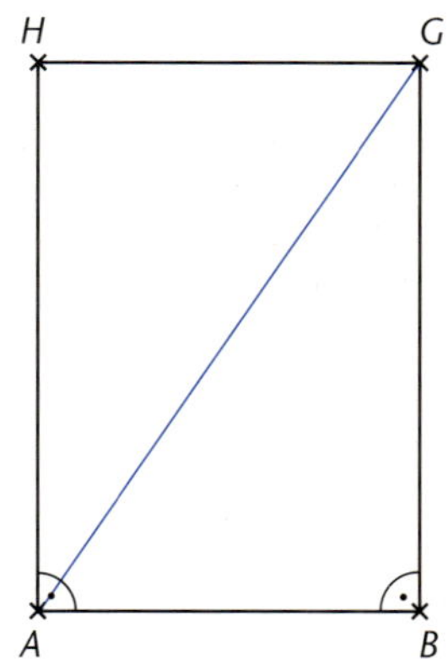

b) a. d. Z.: $\overline{HB} = \overline{AG} \approx 5$ cm 2 mm

26 : 31

11. Würfel (II)

Übung 1 a) $a = 4$ cm: $O = 96\ \text{cm}^2$ b) $a = 6$ cm: $O = 216\ \text{cm}^2 = 2\ \text{dm}^2\ 16\ \text{cm}^2$

Übung 2

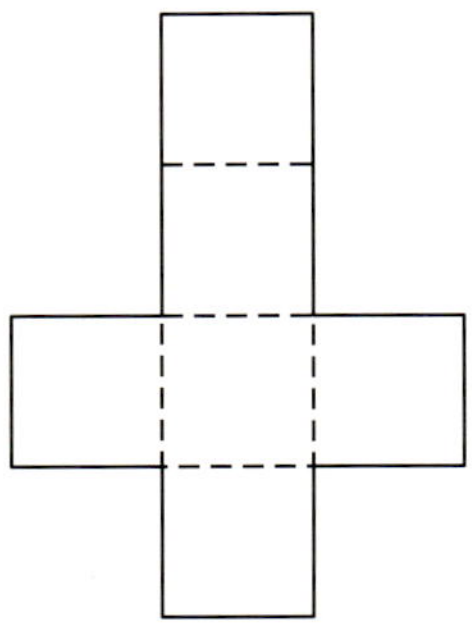

ja

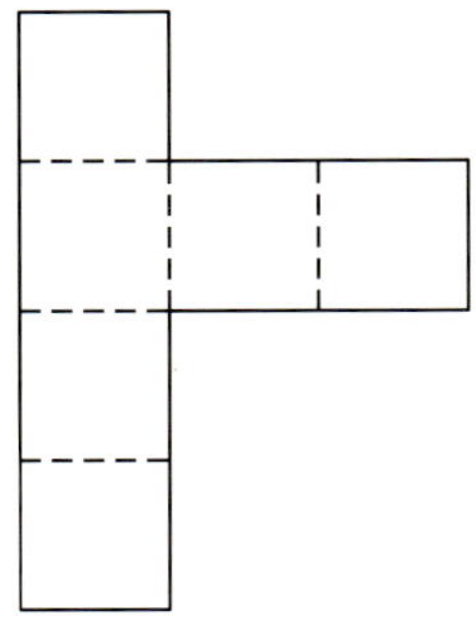

nein

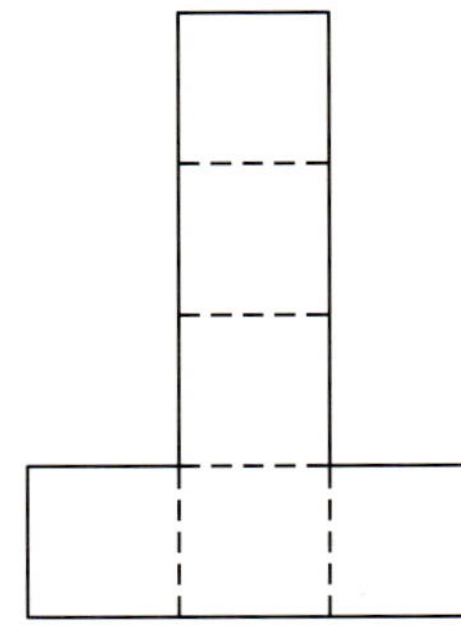

ja

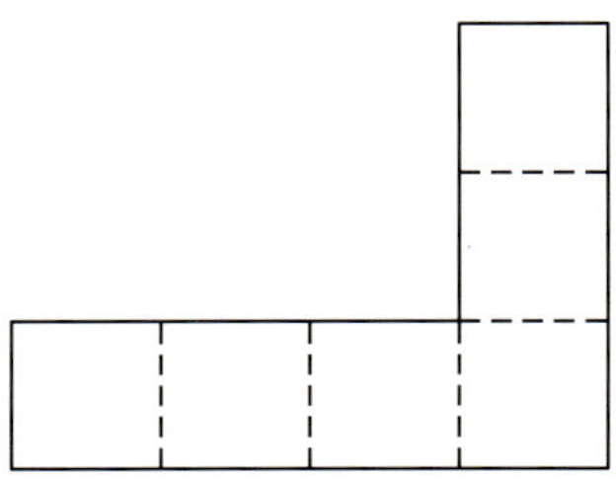

nein

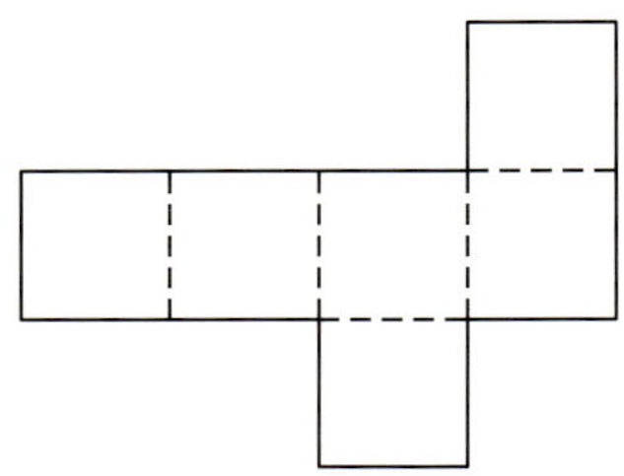

ja

Übung 3 $3\ \text{dm}^2\ 84\ \text{cm}^2 = 384\ \text{cm}^2$; eine Würfelseite: $384\ \text{cm}^2 : 6 = 64\ \text{cm}^2$, daraus folgt die Kantenlänge von 8 cm, denn $8 \cdot 8 = 64$.

Übung 4 Es sind normalerweise 7 Schnitte nötig.

12. Würfel (III)

Übung 1

a) $a = 2$ cm; $V = 8\ \text{cm}^3$
b) $a = 8$ dm; $V = 512\ \text{dm}^3$
c) $a = 8$ dm 5 cm; $V = 614\ \text{dm}^3\ 125\ \text{cm}^3$
d) $a = 1$ m 4 dm; $V = 2\ \text{m}^3\ 744\ \text{dm}^3$
e) $a = 2$ m 5 cm; $V = 8\ \text{m}^3\ 615\ \text{dm}^3\ 125\ \text{cm}^3$
f) $a = 3$ m 2 dm 4 cm; $V = 34\ \text{m}^3\ 12\ \text{dm}^3\ 224\ \text{cm}^3$

Übung 2

a) $a = 3$ cm; $V = 27\ \text{cm}^3$
b) $a = 4$ cm 5 mm; $V = 91\ \text{cm}^3\ 125\ \text{mm}^3$
c) $a = 2$ dm 3 cm; $V = 12\ \text{dm}^3\ 167\ \text{cm}^3$
d) $a = 7$ dm 5 cm; $V = 421\ \text{dm}^3\ 875\ \text{cm}^3$
e) $a = 5$ m 5 cm; $V = 128\ \text{m}^3\ 787\ \text{dm}^3\ 625\ \text{cm}^3$
f) $a = 50$ m; $V = 125000\ \text{m}^3$

Übung 3 Gesamtvolumen: $8\ m^3 = 8000\ l = 80\ hl$. Der Tank enthält derzeit 40 Hektoliter Öl.

Übung 4 Aus einem Liter können 20 Gläschen zu je 5 cl gefüllt werden, da $20 \cdot 5\ cl = 100\ cl = 1\ l$, damit: Es können 60 5-cl-Gläschen aus 3 Litern gefüllt werden.

Übung 5 a) Grundschicht: $5 \cdot 5 = 25$, 2. Schicht: $3 \cdot 3 = 9$, insgesamt also 35 Würfel
b) (7 auf 7): 84 Würfel, (9 auf 9): 165 Würfel, (11 auf 11): 286 Würfel

13. Quader (I)

Übung 1

	Q1	Q2	Q3	Q4
Länge *l*	6 cm	1 dm	3 dm	1 m 2 dm
Breite *b*	4 cm	3 cm	1 dm 2 cm	6 dm
Höhe *h*	5 cm	4 cm	8 cm	5 cm
Volumen *V*	120 cm^3	120 cm^3	2 dm^3 880 cm^3	36 dm^3

Übung 2

	Q1	Q2	Q3	Q4
Länge *l*	8 cm	1 dm 3 cm	2 m 5 cm	8 dm 5 mm
Breite *b*	10 cm	2 m	4 m	6 dm
Höhe *h*	7 cm	5 cm	3 dm	3 dm 2 mm
Volumen *V*	560 cm^3	13 dm^3	2 m^3 460 dm^3	145 dm^3 866 cm^3

Übung 3 Eine 6 cm hohe Grundschicht (1 m auf 16 cm) des großen Quaders kann in 10 kleine Quader zersägt werden. 10 dieser Schichten lassen sich aus der Höhe von 6 dm sägen. Also:

Man kann höchstens 100 kleine Quader heraussägen.

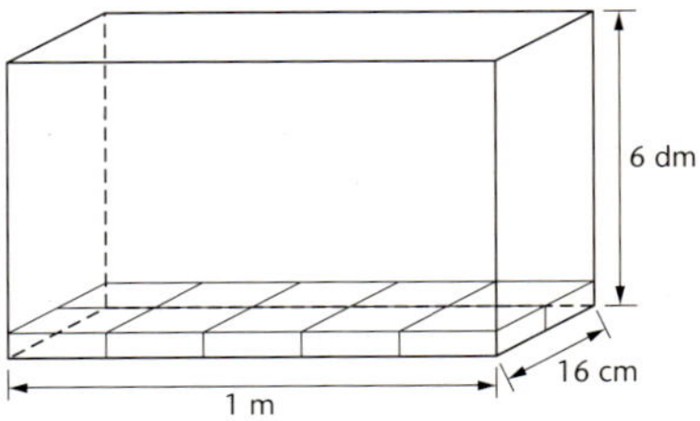

Übung 4 Zwei gleiche Quader entstehen durch gerade Schnitte parallel zu den Seitenflächen in der jeweiligen Körpermitte.

Maße:
Q1 (6 cm / 24 cm / 6 cm);
Q2 (12 cm / 12 cm / 6 cm);
Q3 (12 cm / 24 cm / 3 cm).

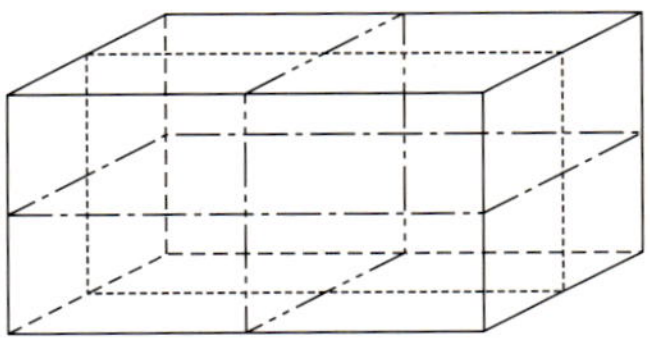

32 : 35

14. Quader (II)

Übung 1

	Q1	Q2	Q3	Q4
Länge *l*	1 dm 5 cm	1 m 2 dm	8 dm	6 dm 5 mm
Breite *b*	8 cm	5 dm	2 m 5 cm	4 dm
Höhe *h*	4 cm	2 dm	8 mm	2 cm 5 mm
Oberfläche *V*	4 dm^2 24 cm^2	1 m^2 88 dm^2	3 m^2 32 dm^2 56 cm^2	53 dm^2 42 cm^2 50 mm^2

Übung 2

	Q1	Q2	Q3	Q4
Länge *l*	6 cm	3 dm 4 cm	2 m	6 dm 4 cm
Breite *b*	4 dm 3 cm	5 dm 6 cm	1 m 6 dm 6 cm	2 m 5 dm
Höhe *h*	2 cm 5 mm	1 cm 5 mm	2 dm 3 cm 5 mm	4 dm
Oberfläche *O*	7 dm^2 61 cm^2 61 cm^2	40 dm^2 78 cm^2	8 m^2 36 dm^2 2 cm^2	5 m^2 71 dm^2 20 cm^2
Volumen *V*	645 cm^3	2 dm^3 856 cm^3	780 dm^3 200 cm^3	640 dm^3

Übung 3

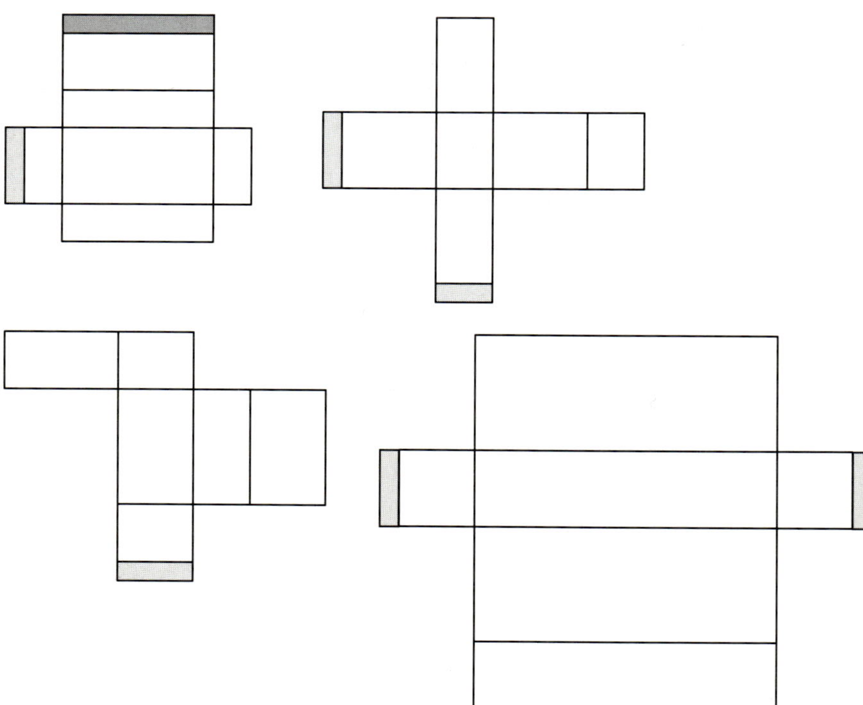

15. Quader (III)

Übung 1

a) z. B. über Dreieck *BCF*: $\overline{CF} \approx 5$ cm   b) z. B. über Dreieck *ADH*: $\overline{AH} \approx 5$ cm

c) z. B. über Dreieck *ABF*: $\overline{AF} \approx 6$ cm 7 mm

d) z. B. zunächst über Dreieck *ABC*: $\overline{AC} \approx 7$ cm 2 mm,

dann über Dreieck *ACE*: $\overline{CE} \approx 7$ cm 8 mm

e) z. B. zunächst über Dreieck *ABC*: $\overline{AC} \approx 7$ cm 2 mm,

dann über Dreieck *ACG*: $\overline{AG} \approx 7$ cm 8 mm

Übung 2

Die Kurzski passen in die Kiste, wenn die Raumdiagonalen (z. B. [*AG*]) mindestens 14 dm lang sind.

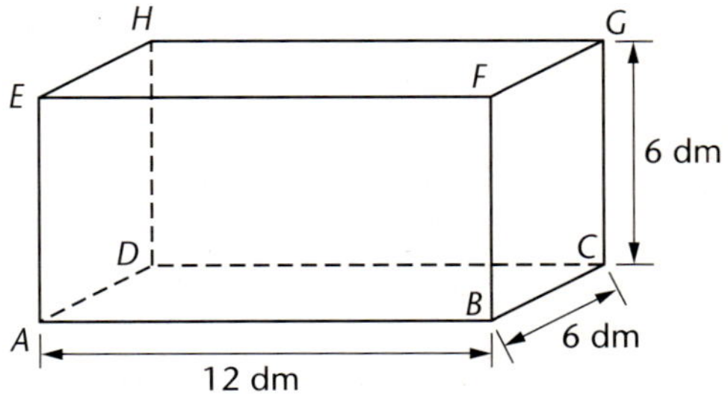

Entscheidung über Zeichnungen (Maßstab: 1 dm ≙ 5 mm).

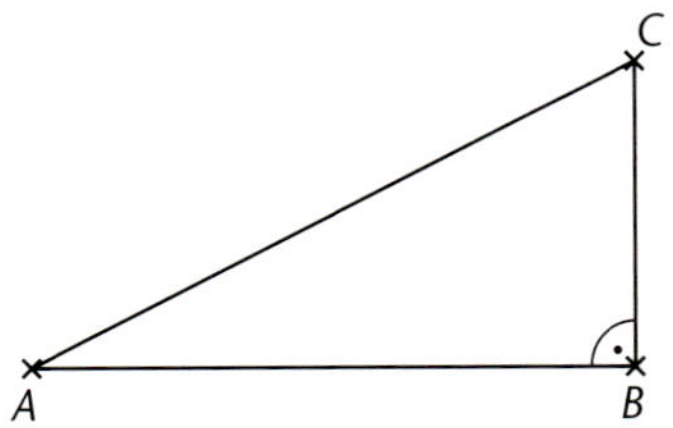

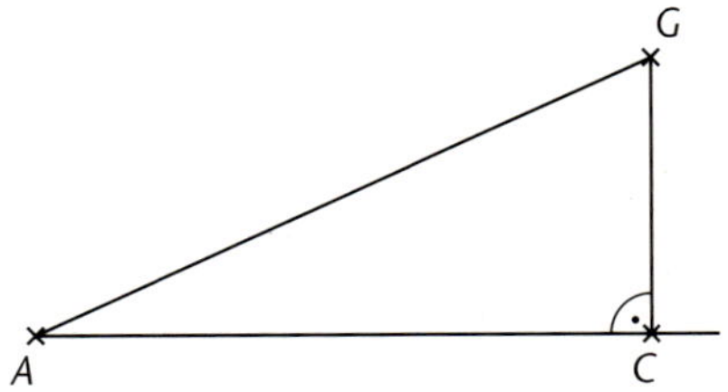

a. d. Z..: $\overline{AG}$ = 7 cm 3 mm ≙ 14 dm 6 cm

Die Kurzski passen gerade noch in die Kiste.

35 37

Übung 3

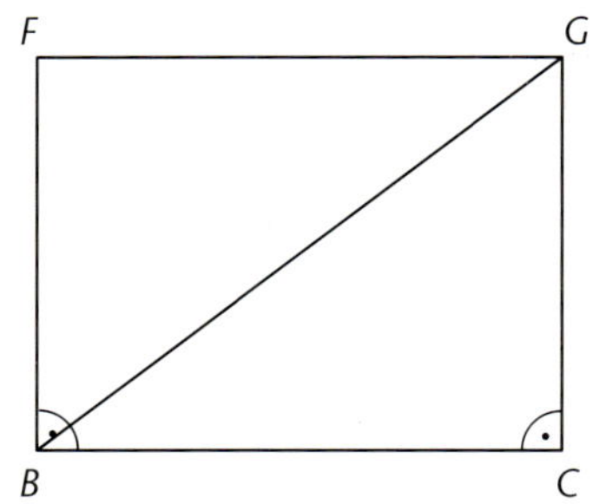

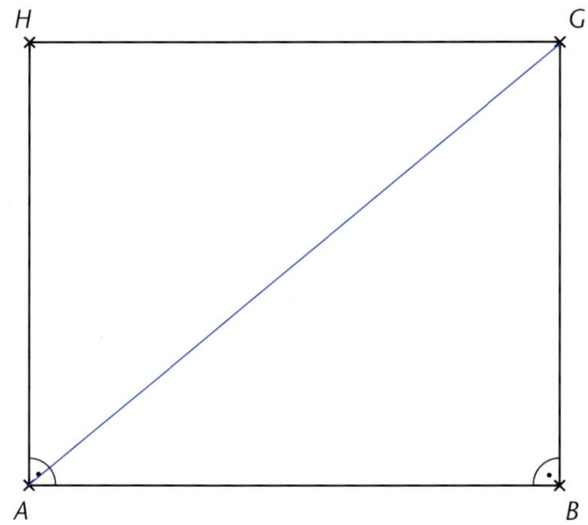

a. d. Z.: $\overline{AG} \approx$ 7 cm 8 mm

Übung 4

Es gibt insgesamt 12 Kanten, von denen je 4 gleich lang sind:

$S = 4 \cdot 6\text{ cm} + 4 \cdot 4\text{ cm} + 4 \cdot 3\text{ cm} = 52\text{ cm}$

Die Summe S der Kantenlängen beträgt 52 cm.

Die allgemeine Summe der Kantenlängen beträgt:

$S = 4 \cdot l + 4 \cdot b + 4 \cdot h$
oder $S = 4 \cdot (l + b + h)$

16. Vermischte Aufgaben (II)

Übung 1

Höchstens 14 Klötzchen: 9 unten, 4 in der Mitte und 1 oben.

Übung 2

a) Man braucht zunächst 3, dann 5, dann 7, 9, 11, ... Fliesen.

b) Man braucht zunächst 7, dann 19, dann 37, ... Würfel.

Übung 3

Eine Würfelkante sei a cm lang, dann gilt: $O = 6 \cdot a^2$ und $V = a^3$.

Nach Angabe muss allein zahlenmäßig gelten:
$6 \cdot a^2 = a^3$, also muss sein $a = 6$.
Die Länge der Würfelkanten beträgt 6 cm.

Übung 4

5 Reihen von je 3 Schokoladentafeln (mit der Breite aneinander stehend) bilden eine quadratische Grundschicht von 45 cm Seitenlänge. 45 Lagen übereinander ergeben einen Würfel.
Man braucht $45 \cdot 15 = 675$ Tafeln, die Würfelkantenlänge beträgt 45 cm = 4 dm 5 cm.

Übung 5

a) Volumenzunahme V: $V = 200 \cdot 150 \cdot 15\ \text{cm}^3 = 450000\ \text{cm}^3 = 450\ \text{dm}^3 = 450\ \text{l}$
Der Wasservorrat nahm um 450 Liter zu.

b) Trogoberfläche OT: $OT = 20 \cdot 15\ \text{dm}^2 = 300\ \text{dm}^2 = 3\ \text{m}^2$,
Garagenoberfläche OG: $OG = 40 \cdot 55\ \text{dm}^2 = 2200\ \text{dm}^2 = 22\ \text{m}^2$,
gesamte Oberfläche O: $O = 25\ \text{m}^2$;
Liter je Quadratmeter: $450\ \text{l} : 25\ \text{m}^2 = 18\ \text{l/m}^2$

Es fielen 18 Liter je Quadratmeter.

38 : 41

17. Prisma

Übung 1

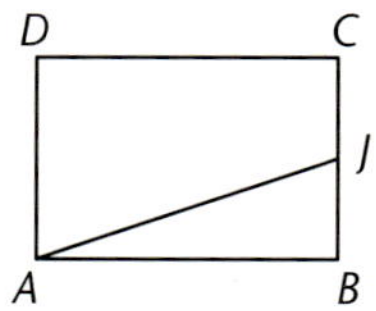

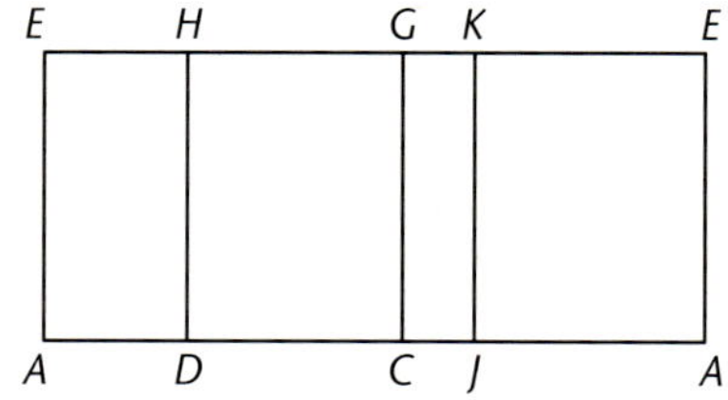

Übung 2

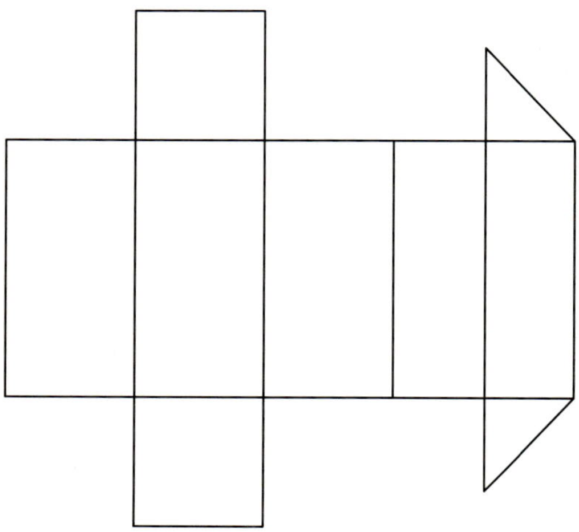

Übung 3

a) O (Prisma) $= 4 \cdot h + 3 \cdot h + 5 \cdot h + (4 \cdot 3) : 2 + (4 \cdot 3) : 2$
damit $O = 12 \cdot h + 12$ bzw. $108 = 12 \cdot h + 12$, also $12 \cdot h = 96$,
woraus folgt:
Die Höhe h beträgt 8 cm.

b)

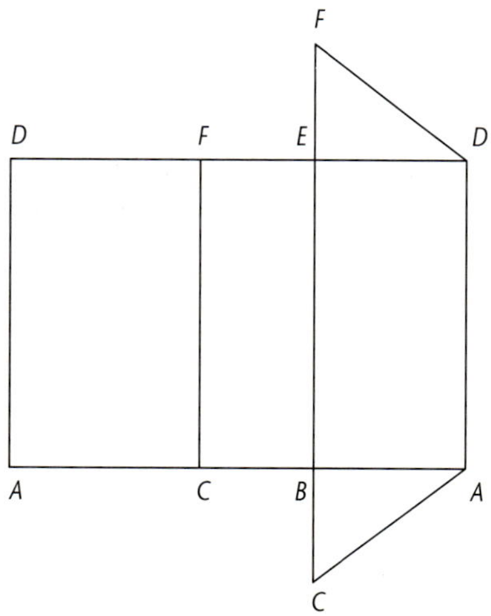

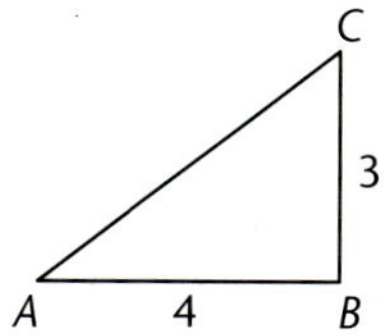

a.d.Z.: $\overline{AC} = 5$ dm

Übung 3

c) Maße des Quaders: $l = 4$ cm, $b = 3$ cm und $h = 8$ cm.
Volumen des Prismas: $(4 \cdot 3 \cdot 8) : 2\ \text{cm}^3 = 48\ \text{cm}^3$

18. Pyramide

Übung 1

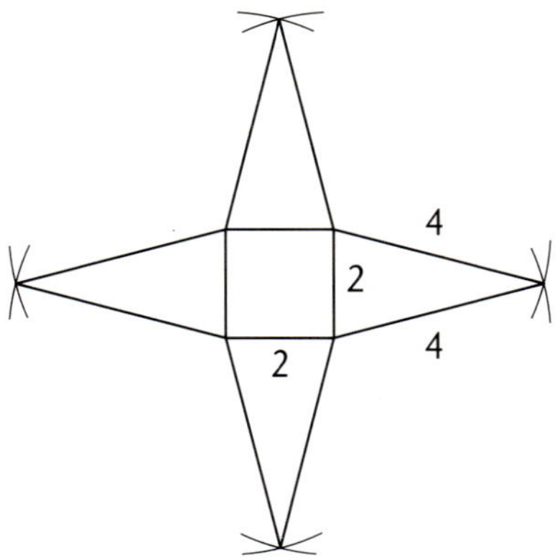

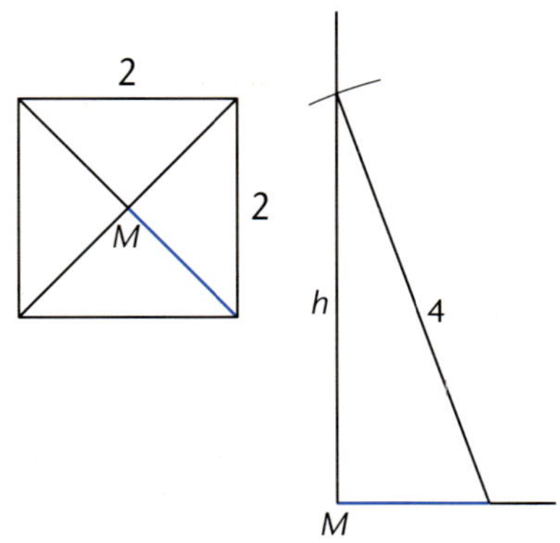

Übung 2

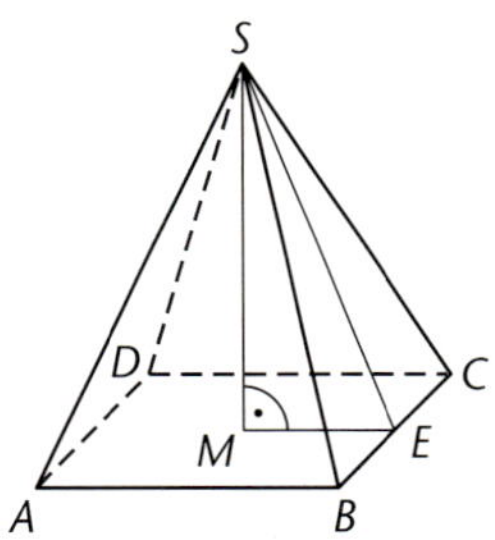

a. d. Z.: h ≈ 3 cm 7 mm

$\overline{ME} = a : 2 = 1{,}5$ cm

$\overline{MS} = h = 4$ cm

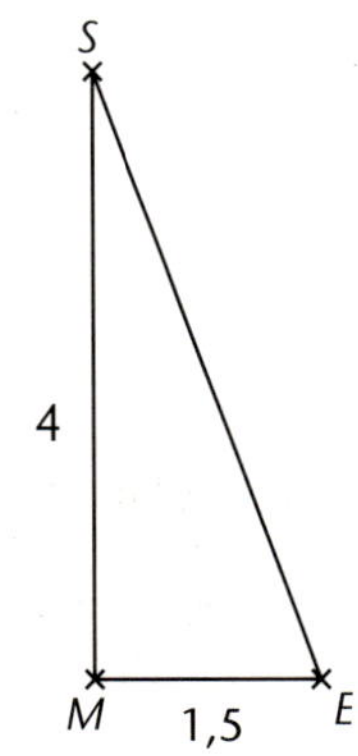

a. d. Z.: $\overline{SE} \approx 4$ cm 3 mm

Übung 3

Die Seitenflächen der Pyramide sind größer, als sie Maxi vorsieht. Maxis Pyramidenspitze S fällt mit dem Mittelpunkt M der Grundfläche zusammen.

19. Kegel und Zylinder

Übung 1

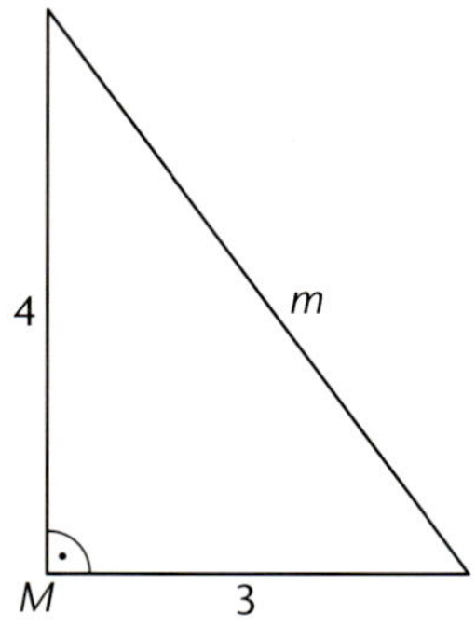

a. d. Z.: $m \approx 5$ cm

Übung 2 Kegel 1 ist höher, er ist steiler!

Übung 3 Kreiskegelfiguren (Dreiecke): Kreiszylinderfiguren (Rechtecke):

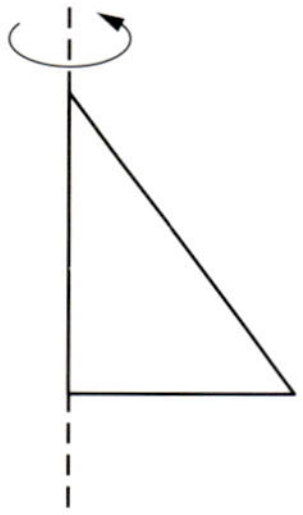

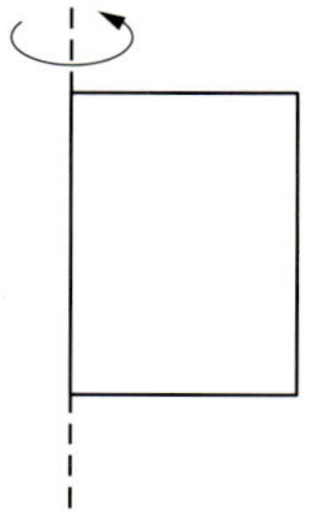

Übung 4

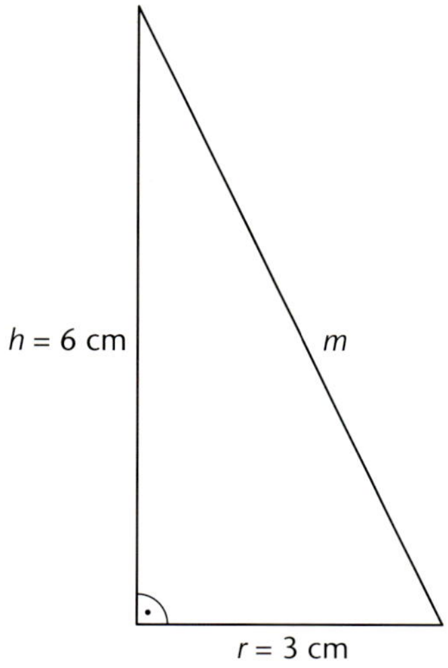

a. d. Z.: $m \approx 6$ cm 7 mm

Die Länge der Mantellinie muss weniger als 6 cm 7 mm betragen.

20. Winkel (I)

Übung 1 (1) ∡ *BAC* (2) ∡ *CBA* (3) ∡ *ACB*

Übung 2 (1) ∡ *CAB* (2) ∡ *ABC* (3) ∡ *BCA*

Übung 3 Größter Winkel: ∡ *EDC*
Kleinster Winkel: ∡ *DCB*

Übung 4

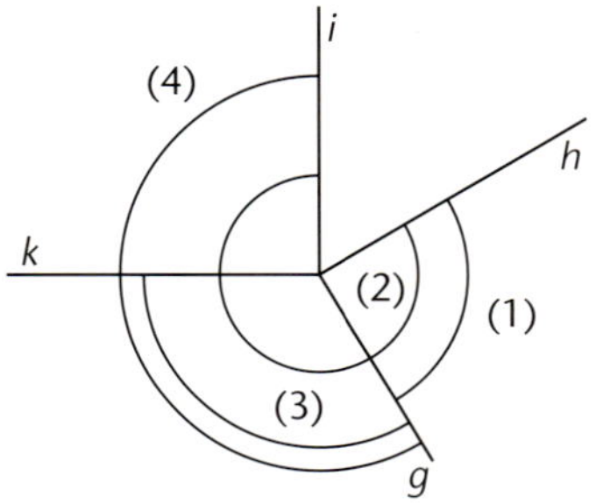

Übung 5 ∡ *BAE;* ∡ *BAD;* ∡ *EAD*
∡ *ADE;* ∡ *DEA;* ∡ *AEB*
∡ *BEC;* ∡ *ECB;* ∡ *CBE*
∡ *EBA;* ∡ *CBA;* ∡ *DEB*
∡ *AEC;* ∡ *DEC*

21. Winkel (II)

Übung 1

a) $\measuredangle\, ABC \approx 260°$
b) $\measuredangle\, BCA \approx 302°$
c) $\measuredangle\, CAB \approx 338°$

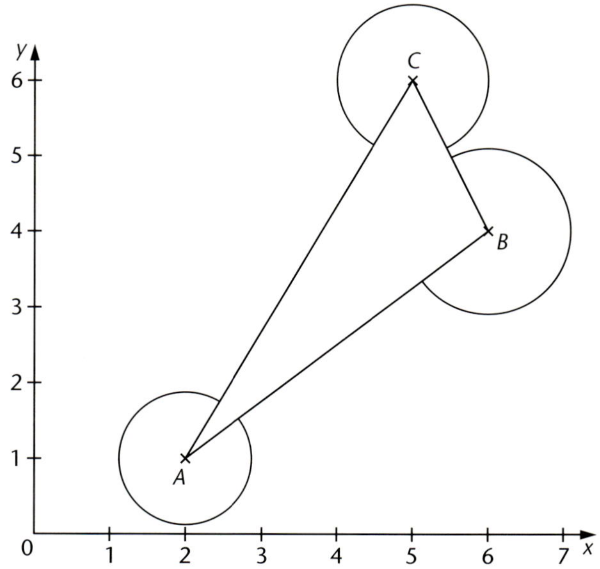

Übung 2

$\measuredangle\, BAC = 33°$, $\measuredangle\, CAD = 57°$
$\measuredangle\, ACB = 57°$, $\measuredangle\, DCA = 33°$

Auffällig: Die Diagonale schließt mit den beiden Längsseiten und mit den beiden Breitseiten jeweils den gleichen Winkel ein.

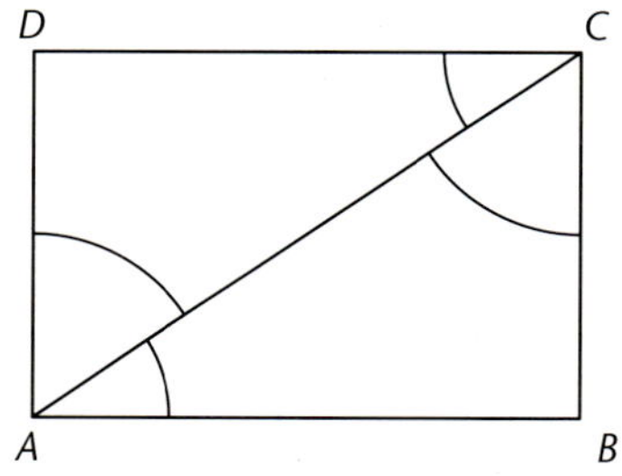

Übung 3

a) Winkel an der Spitze: 90°

b) Anzahl der 30°-Stücke: 6

c) 270° : 18 = 15°; 90° : 6 = 15°
Die Stücke sind gleich groß.

Übung 4

a) 9.15 Uhr: 180° – 7,5° = 172,5°
b) 6.04 Uhr: 180° + 2° – 24° = 158°
c) 8.43 Uhr: 43 · 0,5° – 3 · 6° = 3,5°

22. Vermischte Aufgaben (III)

Übung 1 a)

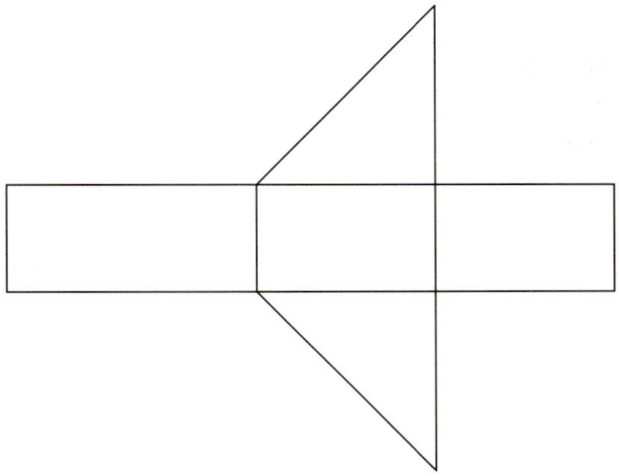

b) $O \approx 5 \cdot 3\ cm^2 + 5 \cdot 3\ cm^2 + (5 \cdot 5) : 2\ cm^2 + (5 \cdot 5) : 2\ cm^2 + 7{,}1 \cdot 3\ cm^2 \approx 76{,}3\ cm^2$

c) $V = (5 \cdot 5 \cdot 3) : 2\ cm^3 = 37{,}5\ cm^3$

Übung 2 a) $A = 4 \cdot (4 : 2) \cdot 12\ cm^2 = 96\ cm^2$

b) $s \approx 12{,}2$ cm

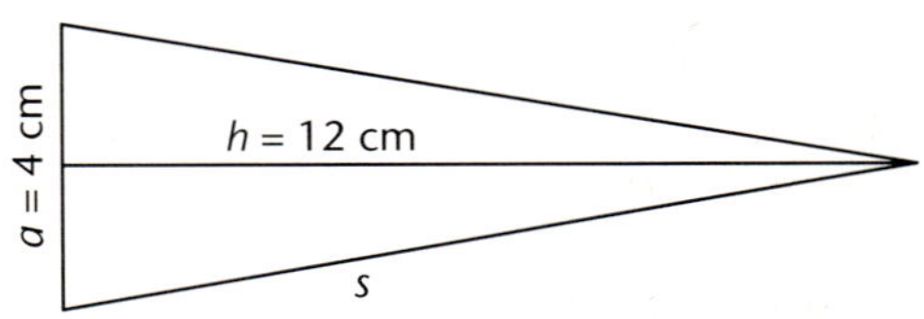

Übung 3

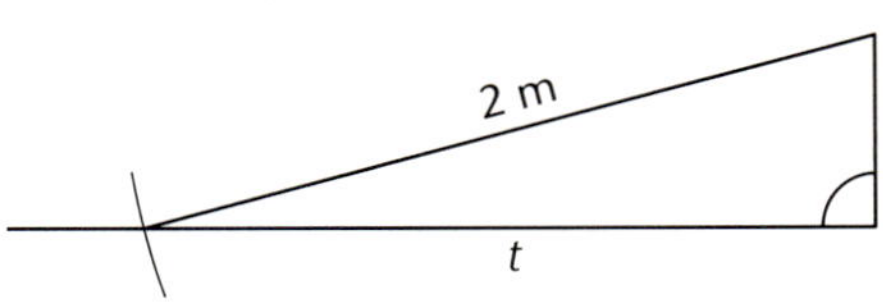

a. d. Z.: $t \approx 19$ dm = 1 m 9 dm

Übung 4 Es lassen sich innen höchstens noch 5 Rohrstücke unterbringen, also beträgt die maximale Länge: $6 \cdot 15$ cm = 90 cm.

Übung 5

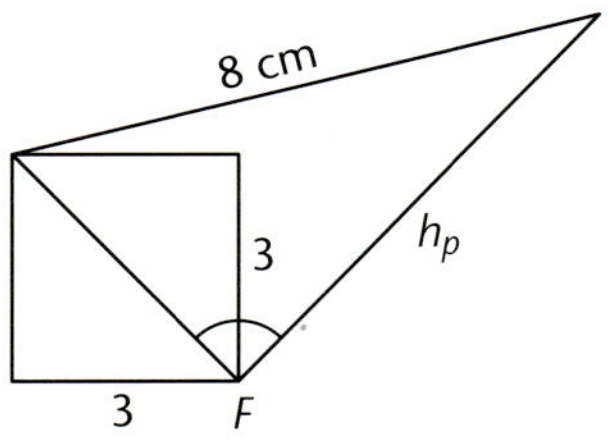

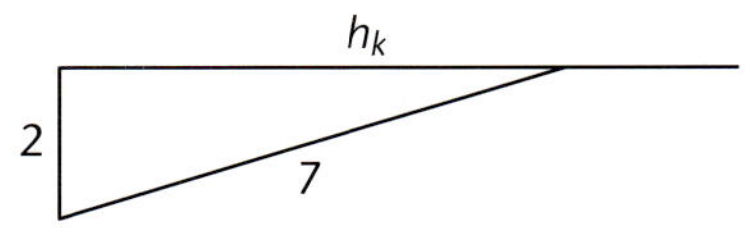

Höhe der Pyramide (a. d. Z.) ≈ 6,8 cm

Höhe des Kegels (a. d. Z.) ≈ 6,7 cm

Die Pyramide ist leicht höher.

Übung 6

a) ∢ *SPF*; ∢ *FSP*; ∢ *PFS*

b) ∢ *SPF* ≈ 56°; ∢ *FSP* ≈ 34°; ∢ *PFS* ≈ 90°

Übung 7

a) Innerhalb der nächsten 12 Stunden stehen die Zeiger weitere 11-mal genau übereinander (einschließlich der nächsten 12/24-Uhr-Stellung).

b) 1 Uhr 5 $^1/_2$ Minuten, 2 Uhr 11 Minuten

23. Superaufgaben

Übung 1

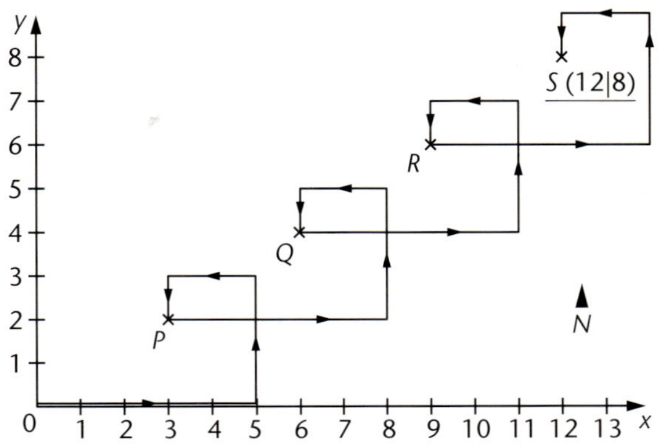

Man gelangt an den Punkt S (12|8). Wenn der Schatz aber in (6|4) liegt, dann sind die Schritte mit einer Einheit zu groß gewählt, man müsste genau halbe Schritte machen, um am Ende auf den Punkt (6|4) zu kommen.

Übung 2

a) Da gilt: $20 \cdot 45 = 900$ und $30 \cdot 30 = 900$, sind die anderen Seiten zwischen 30 m und 45 m lang.

b) Die Umfänge bewegen sich zwischen $4 \cdot 30$ m = 120 m und $2 \cdot (20$ m + 45 m) = 130 m.

Übung 3

a) $4 \cdot 4 \Rightarrow 4 \cdot 8 \Rightarrow 4 \cdot 16 \Rightarrow 4 \cdot 32$ oder $4 \cdot 4 \Rightarrow 4 \cdot 8 \Rightarrow 4 \cdot 16 \Rightarrow 8 \cdot 16$
Der Streifen hatte entweder die Maße 4 cm auf 32 cm oder 8 cm auf 16 cm.

b) $4 \cdot 4 \Rightarrow 4 \cdot 8 \Rightarrow 8 \cdot 8 \Rightarrow 8 \cdot 16$
Der Streifen hatte die Maße 8 cm auf 16 cm.

Übung 4

a) 3 cm^2

b) $A = 6 \cdot 2$ cm^2 = 12 cm^2; der Flächeninhalt hat sich vervierfacht.

c) $A = 9 \cdot 3$ cm^2 = 27 cm^2; der Flächeninhalt hat sich verneunfacht.

d) Der Flächeninhalt nimmt auf das Sechzehnfache bzw. auf das Fünfundzwanzigfache … zu.

Übung 5

Das Rechteck besteht aus 3 gleichen Quadraten mit der Rechtecksbreite als Seitenlänge und den Flächeninhalten von 432 cm^2 : 3 = 144 cm^2. Also haben die Quadrate eine Seitenlänge von 12 cm. Damit liegen die Maße für das Rechteck bei 12 cm und 36 cm.

Übung 6

Verlegungsbeispiel:

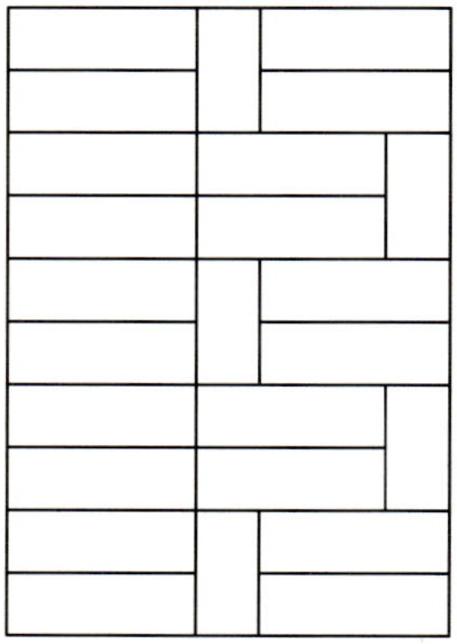

Übung 7

Einfache Teilungen: längs der Mittellinie des Dreiecks oder Halbierung der Höhe des Tortenstücks.
Eine Teilung parallel zur Grundlinie muss so erfolgen, dass das Dreieck an der Spitze den halben Flächeninhalt des Ausgangsdreiecks aufweist. Durch (rechnerisches!) Probieren findet man die neue Höhe bei rund 10,6 cm und die neue Grundlinie bei rund 5,6 cm, denn $(5{,}6 \cdot 10{,}6) : 2\ \text{cm}^2 \approx 29{,}7\ \text{cm}^2$ und damit rund die Hälfte von $(15 \cdot 8) : 2\ \text{cm}^2 = 60\ \text{cm}^2$.

Übung 8

a) $V1 = (6 \cdot 4 \cdot 5)\ \text{cm}^3 = 120\ \text{cm}^3$; $V2 = (5 \cdot 3 \cdot h)\ \text{cm}^3 = (15 \cdot h)\ \text{cm}^3$, durch Vergleich erkennt man: $h = 8$ cm.

b) $O1 = 2 \cdot (24 + 30 + 20)\ \text{cm}^2 = 148\ \text{cm}^2$;
$O2 = 2 \cdot (15 + 5 \cdot h + 3 \cdot h)\ \text{cm}^2 = 30\ \text{cm}^2 + (16 \cdot h)\ \text{cm}^2$, woraus folgt, dass gilt: $(16 \cdot h)\ \text{cm}^2 = 118\ \text{cm}^2$, also ergeben sich für h rund 7,4 cm, genauer 7,375 cm.

Übung 9

a)

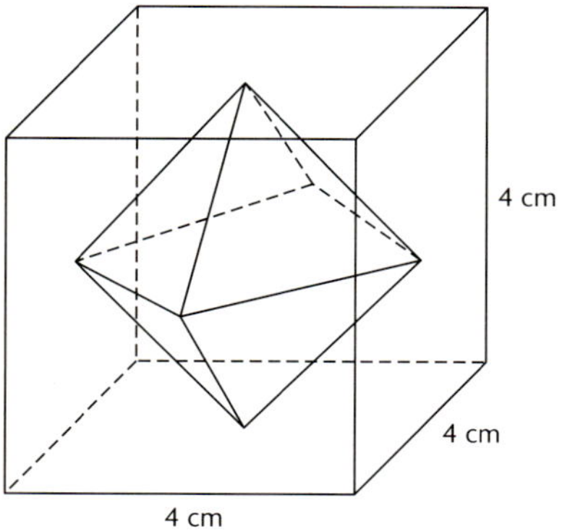

Übung 9

b) Die Länge einer Seitenkante beträgt rund 2,8 cm.
Höhe h einer Seitenfläche (a. d. Z.): $h \approx 2{,}4$ cm
Oberfläche O: $O \approx 8 \cdot (1{,}4 \cdot 2{,}4)\ \text{cm}^2 \approx 26{,}9\ \text{cm}^2$

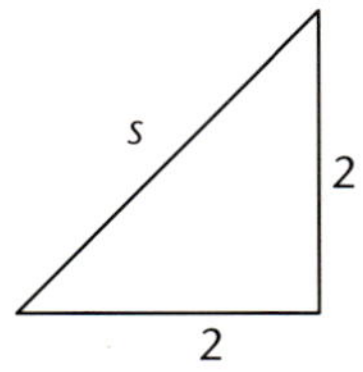

c)

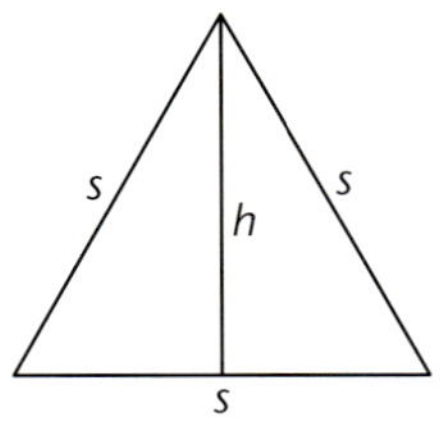

Übung 10

Maße aus den Zeichnungen:

Für $r = 3$ cm: $\alpha \approx 31°$
Für $r = 6$ cm: $\alpha \approx 50°$

Die Winkel an der Spitze schwanken zwischen 31° und 50°.

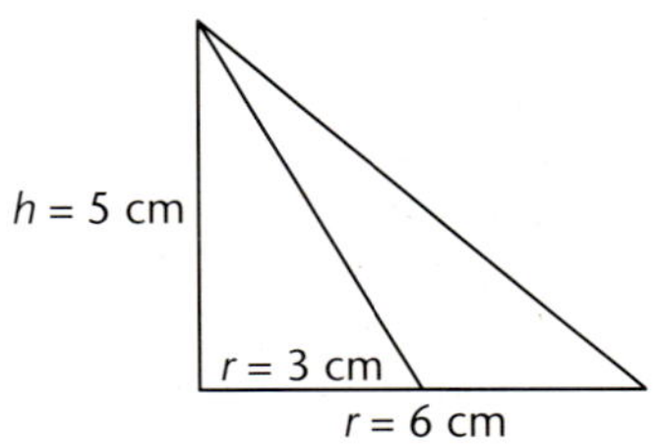